极简希腊哲学史

[日]左近司祥子◎著　　　郑悦 包芳◎译

ZHEJIANG UNIVERSITY PRESS
浙江大学出版社
·杭州·

图书在版编目（CIP）数据

极简希腊哲学史 /（日）左近司祥子著；郑悦，包芳
译. -- 杭州：浙江大学出版社，2023.1
ISBN 978-7-308-23220-3

Ⅰ.①极… Ⅱ.①左…②郑…③包… Ⅲ.①古希腊
罗马哲学—哲学史 Ⅳ.①B502

中国版本图书馆CIP数据核字(2022)第202872号

Original Japanese title: SHOKYUSHA NO TAMENO GIRISHA TETSUGAKU NO
YOMIKATA·KANGAEKATA
Copyright 2017 Sachiko Sakonji
Original Japanese edition published by Daiwa Shobo Co., Ltd.
Simplified Chinese translation rights arranged with Daiwa Shobo Co., Ltd.
through The English Agency (Japan) Ltd. and Eric Yang Agency, Inc.

浙江省版权局著作权合同登记图字：11-2021-154

极简希腊哲学史

（日）左近司祥子 著 郑 悦，包 芳 译

责任编辑 张 婷
责任校对 陈 欣
封面设计 violet
出版发行 浙江大学出版社
　　　　（杭州市天目山路148号 邮政编码310007）
　　　　（网址：http://www.zjupress.com）
排　版 杭州林智广告有限公司
印　刷 杭州钱江彩色印务有限公司
开　本 880mm×1230mm 1/32
印　张 8.5
字　数 133千
版 印 次 2023年1月第1版 2023年1月第1次印刷
书　号 ISBN 978-7-308-23220-3
定　价 58.00元

浙江大学出版社市场运营中心联系方式：0571-88925591；http://zjdxcbs.tmall.com

古代繁华的雅典与哲学

欢迎你来到希腊哲学的世界，同时感谢阅读本书。那么你选择这本书的动机是什么？是因为星座名称里还包含着希腊神话，所以对希腊神话产生了兴趣吗？不管如何，一定有某种因素吸引你来到希腊哲学的世界。

奥运会也起源于古希腊。

无论哪个国在哪里举办奥运会，希腊运动员总是第一个入场。这是对奥林匹克的发源地希腊表达敬意。

在古希腊举办的奥林匹亚竞技赛，不仅仅是体育竞技赛，从字面上可以看出这个活动与神相关。希腊神话中认为，奥林匹亚是宙斯的居所。古希腊时代，人们莫名相信古希腊的神灵喜欢观看人类在一起竞技。因此古希腊时代，奥林匹亚竞技赛实质上是向宙斯献祭活动的一项主要内容之一。

从公元前 9 世纪到公元 4 世纪，和现代社会一样，希腊也曾经每隔四年举办一次"奥林匹亚竞技赛"。据记载，竞技赛是当时希腊崇拜宙斯的祭祀大典中的重要内容，第一次祭典是在公元前776年。从那之后，每四年必举办一次。当时希腊还没有日历，人们就通过奥林匹亚竞技赛的举办时间来纪年，比如，第三届奥林匹亚竞技赛的第二年。

随着古希腊的衰落，公元4世纪，奥林匹亚祭祀活动也走向了终结。直到1896年，由法国的顾拜旦男爵发起，为以五环为标志的近代"奥林匹克"这一世界体育盛事得以重生。

顾拜旦还为奥运赋予了"世界和平"的理念。古代奥林匹亚竞技赛在举行过程中，参赛国家必须宣誓停战，停战时间最初为一个月，后来逐渐延长到三个月，违背誓言的国家将不被允许参加比赛。出于这个动机，顾拜旦男爵提出恢复奥林匹亚竞技运动，弘扬现代奥林匹克精神。不过遗憾的是，1916年的柏林奥运会、1940年的东京奥运会，以及1944年的伦敦奥运会，并没有"因为比赛休战"，反而因为战争被迫中止。

相信语言的人们

事实上，今天的希腊，只不过是位于欧洲东南角的一个小国，经济发展平平。希腊的文化甚至和土耳其等伊斯兰文化更加接近。然而欧洲人总是喜欢使用变形的古希腊语来凸显自己有学识。

　　"生态"（ecology）一词现在不太流行，但过去有一段时间非常流行，翻译过来就是生态保护学。不过这个词来源于希腊语。由"家"（希腊语 oikos，生态）与"言语或学问"（希腊语 logos，言论，语言）结合在一起形成。直译过来就是"家学"。家是守护生命的地方，与此相关的学问，则意味着守护生物生态系统的学问，因此也被翻译成生态保护学。

　　当然，这类学科在古希腊并不存在。进入现代社会，这种学问才逐渐引起重视。那为什么我们已经进入 21 世纪，还要特意使用 3000 年前的古老语言呢？

　　由此思考就会发现，有很多与学问相关的词汇，都来源于古希腊语。例如"mathematics"（数学）就是其中之一，它来自希腊语"mathema"，其原本的意思是"学问"。

　　其他的词语例如"阿童木"（atom，原子），不仅漫画中很出名，甚至于物理学中也是基本词语，也是来自希腊语"atomos"，意为"不可再分割的微粒"。

　　也许某种意义上，尽管现在的欧洲人在地理上已经不视希腊为中心，时间上也距离古希腊时代非常遥远，但欧洲人依然想把自己定位为古希腊文化的传承者。大概欧洲人认为，只要能够"使用古希腊语"，就代表他们能将希腊文化传承下去。

　　的确，公元前 5—前 4 世纪的雅典被认为是希腊的黄金时代，当时学问只能通过语言来传播。比如在当时几何学中，在沙地上画出三角形，依靠"内角和等于两个直角"这样的语言进行数学证明。就类似我们这本书，我想讲述的内容被称为 philosophia，也是通过"语言"来传播的学问之一。

philosophia 在日语里被翻译成"哲学"，和其他很多学科的名字一样，来源于古希腊语。这个词有着非常悠久的历史，古希腊时代无人不知无人不晓。"philia"是"爱"，"sophia"是"知识"，直译过来是"爱知识"。

现代英语中有一个词组"philosophy of cooking"，字面上来看是做饭的哲学，到底要表达什么意思呢？辞典里解释为"做饭的原理"。同时还有一个词组"philosophy of knee"，字面上来看意为膝盖的原理，可以直接当作研究膝盖损伤的学会名称了。

所以现在使用英语的人们在使用这个词时，想表达的是研究某种事物原理的学问，或者说探求原理之类的意思。

希腊繁荣于公元前 5 世纪，并不是当时特别大的国家，也没有强权的国王，只是一个城邦国家的雅典却经常出现在世界历史课中。也许之所以能够留名，都是由于希腊当时流行 philospohia。

追究原因

这里所说的 philospohia，也就是哲学，如同前文所说，是包含进行"追究原理"意思的某种学问。

在其他领域也形成了学问，最具有代表性的是公元前 5 世纪出现在雅典的《历史》。

这位写《历史》而出名的学者，就是希罗多德（Herodotos）。希罗多德是古希腊人，出生于小亚细亚的哈利卡纳苏城。《历史》共有九卷，前半部分主要记载了当时交战各民族的生活方式。第七卷的后半段以及第八卷、第九卷记录了雅典独自取得胜利的战争，即"希波战争"。

《历史》的第二卷第 66 节非常著名。这一章节记录了发生火灾时，埃及人与猫的故事。埃及人灭火时，会专门命人看守猫，同时命人组成人墙隔开猫，防止猫自己跳入火中。如果猫还是趁人不注意，钻过人墙越过人群跳入火中，埃及人就会无比悲伤。这对当时的希腊人来说是非常新奇的故事。

如同希罗多德在这本书的开头里所写的那样，希罗多德记述这些内容是为了"不管时间经过多久，我们依然能够牢记希腊人与其他国家的人为何开始战争"。

希罗多德之后，雅典又诞生了一位历史学家——修昔底德

（Thucydides）。他记录了希波战争之后，发生在希腊的内战伯罗奔尼撒战争的历史。

伯罗奔尼撒战争是以雅典为首的提洛同盟和以斯巴达为首的伯罗奔尼撒联盟之间的战争，希腊联邦诸国都各自选择了自己的同盟，对希腊人来说这是一场大规模的战争。伯罗奔尼撒战争始于公元前 431 年，终于公元前 404 年，历时 27 年之久。

修昔底德在第一卷第 44 节，阐述了自己写这本书的原因。两国打破和平条约导致了伯罗奔尼撒战争的爆发，修昔底德写道："我记录下战争的起因，是为了便于后世的人们研究这段历史。"

两位历史学家都首先阐明自己写书的目的，也许是担心战争在结束之后被人所遗忘。不过事实是，这一切的一切都只能通过语言来记录。

我将要讲述的是"哲学"的起源，与泰勒斯（Thalēs，公元前 624—公元前 546 年）所研究的万物本原很相似，然而泰勒斯并非雅典人。

本原是指"事物的最初"，这不仅仅是说开始，还指存在于事或物根本之中的某种东西。这与历史学家所探讨的"原因"非常相似。无论本原也好，原因也罢，都在冥冥之中限制了事物的发展，而这一切只能通过"语言"来描述。

雅典的民主制

两位历史学家在记述历史事实的时候，特别留心记录了历史事件的起因，这是作为历史学家应有的道德准则。但二者亦有不同之处，修昔底德在记录历史事件之后还会加上一段内容，虽然都说是起因，但其实也分为真实的起因和一般学者公认的起因两种。

出于这个目的，修昔底德坚持在自己的书中，阐明历史事件发生的真正原因。

修昔底德首先留心的是事情发展顺序，必须搞清楚事情发展的先后顺序。他花费精力专门收录了那些政治家决定发动战争时，在会议上所发表的鼓动人心的演讲等内容。

雅典时期，有权力决定发动战争的是直接民主制的公民大会。无论是支持发动战争的人还是反对的人，都可以在公民大会上发表自己的意见，然后通过投票决定。

由于当时并没有可以录音的设备，修昔底德书中所收录的演说，可能多多少少存在偏差。尽管如此，第二卷所收录的伯里克利（Pericles）的《在阵亡将士国葬典礼上的演说》，成为歌颂当时雅典民主的赞歌，不仅触动了苏格拉底，也抓住了当时雅典市民的心。

这样的演讲之所以能够打动了民众，是因为政治家充分领会了当时雅典市民对民主制的期待。相对的，斯巴达联盟并没有实行民主制，这一点直接导致了雅典市民中支持发动战争的人占大多数。

修昔底德尽力收录了这样的演讲，留下的内容也教会了我们新东西。古希腊时代，雅典之所以产生了各种学科，正是因为古希腊人重视语言的作用，这是雅典民主政治的长处。

之前也提到，喜欢"语言"的人们支撑着直接制民主政治，直接民主制支撑着人们对"语言"的喜爱，由此带来了学问、悲剧、喜剧等学科以及艺术的辉煌发展。

可以说这本书华丽地讲述了雅典的民主政治，是支撑民主政治的"语言"的赞歌。"学问"的发展同时也包含了"哲学"的发展。如此"繁华"的雅典，似乎并没有诞生"哲学"的土壤。

然而，雅典诞生了伟大的哲学家苏格拉底。

到底哲学是什么？为什么苏格拉底成了哲学家？

目 录

第三章　柏拉图的思想挑战

第四章 亚里士多德的精密思考

第五章　最后的希腊哲学家

GREEK

PHILOSOPHY

THALES

第一章
最初的哲学家

哲学的诞生

年代	活跃的哲学家	大事记
公元前 500 年前	泰勒斯	
公元前 500 年	毕达哥拉斯、赫拉克利特、巴门尼德、埃利亚的芝诺、恩培多克勒、普罗塔哥拉、德谟克里特	希波战争（公元前 499—公元前 449 年）
公元前 400 年	苏格拉底 柏拉图 亚里士多德	伯罗奔尼撒战争（公元前 431—公元前 404 年） 亚历山大大帝即位（公元前 336 年）
公元前 300 年	皮罗（怀疑学派）	大帝死后（公元前 323 年）帝国分裂为四个国家
公元前 200 年	伊壁鸠鲁（快乐主义） 芝诺（斯多亚学派）	罗马时代 第一次布匿战争（公元前 264—公元前 241 年）
公元 200 年	普罗提诺（新柏拉图主义）	罗马帝国全盛时期

希腊人与神

我个人认为，公元前 5 世纪的雅典本质上是由热爱语言的希腊人构建起来的。关于"热爱语言的希腊人"，我必须详细说明当时的文化背景。

所谓语言，本质上就是与人（包括与自己）交流的工具。比如，"早饭还没好吗"就是正在忙着做早饭的父母与等着吃饭的孩子的交流。

语言以"交流"为前提。对古希腊人来说，有的时候也可能出现无法"交流"的情况，那就是与神的交流。古希腊人期待能够与神保持交流。因此直白来讲，古希腊人非常重视"神谕"，因为"神谕"被认为是神灵对古希腊人的祈祷所下达的指令。

神谕中最为出名的是"德尔斐的神谕"，曾引起过无数智者的思考。希罗多德的《历史》第一卷中记录了著名的吕底亚王克罗索斯的故事，也和神谕有关。

吕底亚王克罗索斯当时准备与日益强大的波斯开战，开战之前，克罗索斯前往德尔斐城的阿波罗神庙祈求神谕。神谕的内容是："发动与波斯的战争将让一个强大帝国灭亡。"

最终波斯赢得了战争。被捕的克罗索斯祈求波斯王，希望波斯王允许他派一个使者去质问德尔斐的神庙。德尔斐的神庙这样答复："一个强大的帝国指的是吕底亚。你理解错了。"

如同这个故事中所述，神的答复是非常模棱两可的。古希腊人非常期望能够得到神的旨意，因此逐渐将问题聚焦在如何理解神的旨意这一点上。

《历史》一书中所记载的真实事件，并非杜撰。雅典与波斯发动战争时，雅典也曾派使者专程去德尔斐求神谕。

最初的神谕并没有模棱两可，而是明确地表示："看不到胜利，唯有叹息。"

这样的神谕根本无法让上位者满意。看到使者如此为难，德尔斐的一位名士劝说使者再次请求神谕，而这一次收到的神谕内容如下："宙斯为了雅典，赐予人们唯一坚固的木堡垒……神圣的萨拉米呀，那里会毁灭女人们的孩子。"

那么问题来了：木堡垒指的是什么？众人争论之时，著名的政治家铁米司托克列斯认为这指的是船，神明指引雅典人应该发动萨拉米海战。

关于萨拉米海战神谕解释的不同点

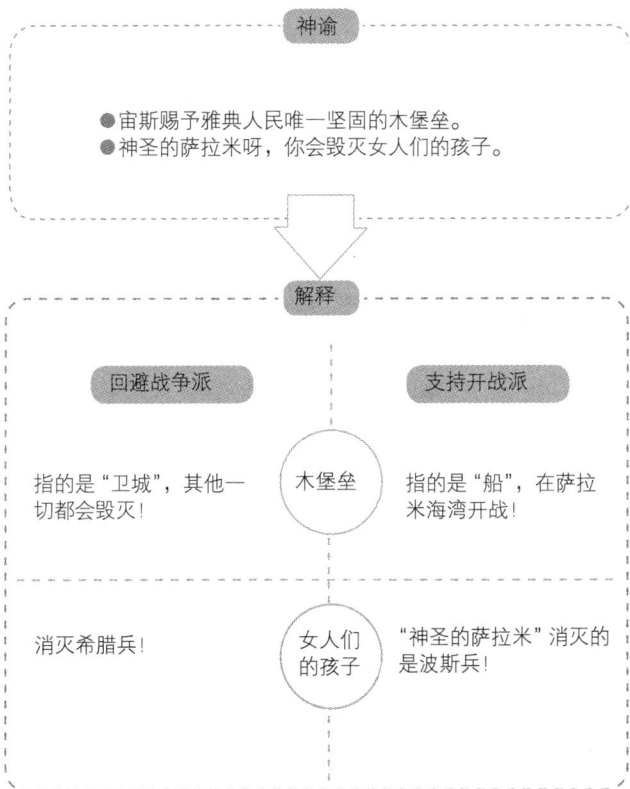

神谕

- 宙斯赐予雅典人民唯一坚固的木堡垒。
- 神圣的萨拉米呀，你会毁灭女人们的孩子。

解释

回避战争派		支持开战派
指的是"卫城"，其他一切都会毁灭！	木堡垒	指的是"船"，在萨拉米海湾开战！
消灭希腊兵！	女人们的孩子	"神圣的萨拉米"消灭的是波斯兵！

　　但无法解释的是"萨拉米将要毁灭女人们的孩子"这一句话，结合"神圣的"这个修饰语，可以理解为毁灭的不是自己而是波斯。这个结论令人振奋，在公民大会上得到大多数人的认同，由此希腊人发动了萨拉米海战。最终，雅典赢得了战争。

　　如此这般，随着时代变迁，人们连日常的事物都要向神明祈求神谕，对于自己求得的神谕，再进行各种各样的解释，最终形成各种混乱。

　　在这种背景下，希腊人太过于重视语言重视辩论，由此带来了人们对于神谕的各种解释，造成了非常严重的问题。

泰勒斯宣告与神告别

祈求神谕，本质上是由于人类太过弱小，无法预知未来。天下没有免费的午餐，这一切当然要付出代价，人类在祈求神谕的时候必须献上祭品。

历史学家一般分析认为，德尔斐的神谕预言应验的前提是各国的政要献上的祭品非常高级，祭品的等级代表了国家的国力。德尔斐的神官通过祭品的等级可以判断这个国家的国力，进而可以准确地预测这场战争的胜负。

人们竭尽全力祈求神谕，然而神明并不给予人们明确的答复。如同吕底亚王求得的神谕，作为旁观者，只能说其实神谕并没有做出准确的预测。

然而人类依然会去向神祈求神谕。如此看来，人类与神明之间的关系近似于"依赖神明的可怜的人类"与"并不会体恤人类的神明"。神谕似乎只会带来悲剧。

在这个认知的基础之上，看一下古希腊人喜欢读的荷马、赫西俄德的诗吧。这些史诗作品中，神明之间也在不断争夺着对世界的霸权。

赫西奥德的《神谱》中，描绘了美丽的阿佛洛狄忒的诞生。文艺复兴时期，波提切利也绘有《维纳斯的诞生》。不过，赫西奥德笔下所描绘的神的诞生，却不是那么神圣高雅。克洛诺斯为了争夺世界霸权，切下父神乌拉诺斯的阴部丢入海中，海中溅起的泡沫诞生了阿佛洛狄忒。

世界由怎样的神主宰，并不重要。神之间互相争夺，无视人类，结果生灵涂炭，人类无法安居乐业。也许不知什么时候，某一位神心血来潮，人类生活就会翻天覆地。

痛感于此，泰勒斯才成为现在教科书中西方最早出现的哲学家吧。

泰勒斯努力研究自然，研究客观存在的没有神明的自然。那他为什么要刻意研究没有神明的自然？特殊事件发生时，例如打雷、地震等，古希腊时代的人们都会将其归因于希腊神话中的神。如果世上发生了什么坏事，只要责任都在于神，那么就不要紧了，大家逆来顺受就好。因此当时的人们认为没有必要避开神明，专门去研究自然现象。

不过，在《前苏格拉底哲学家残篇》(*Die Fragmente Der Vorsokratiker*) 中，泰勒斯 B 篇（这本书中分 A 篇和 B 篇刊载，A 篇是生平和学说，B 篇是著作片段。偶尔也有 C 篇，但一般会标注"仿作""伪作"），在 B 篇中，亚里士多德许多著作的注释者辛普里丘 (Simplicius)，在自己的著作中提及泰勒斯时认为"泰勒斯是最早研究自然的人"，并列举了泰勒斯的著作《航海用天文学》。

泰勒斯是伊奥尼亚海岸地区的米利都人。航海经历自不用说，创作《航海用天文学》也是为了教会世人安全航海的方法。例如航海中如果遇见雷电天气该怎么办，或者今天是否有雷电天气，这都是泰勒斯所关心的。也许泰勒斯创作这本书是因为周围向他咨询的人太多了，在这种情况下，说那是宙斯带来的，并不能解决问题。大约是出于这个原因，泰勒斯才会想到研究客观存在的自然。

第欧根尼·拉尔修所写的《名哲言行录》(以下简称《言行录》)，序文中将哲学分为"自然学""伦理学""论辩学"三个领域，而第一个谈及"自然学"的人是泰勒斯。对"自然学"进行不断研究之后，泰勒斯认为"万物的本原（源）是水"。

泰勒斯认为，人们需要脱离神的名义，从客观角度去思考世上万物的本原，只有这样，才能对人类的航海活动起到真正有益的作用。从人类生活的世界本身进行思考，这就是身为哲学家的泰勒斯的态度。

这种思考方式得到传承，由此揭开了哲学史的篇章。这就是接下来我们要进入的"哲学"世界。

泰勒斯与苏格拉底

从前文可知，"哲学"并非原产于雅典。最早研究哲学的人是伊奥尼亚人泰勒斯。更详细一点介绍的话，泰勒斯生活在公元前7世纪到公元前6世纪，据说他出身于腓尼基名门，活跃于小亚细亚的伊奥尼亚地区。并且通晓各种"学问"，预言过日食、测量过金字塔的高度等。

泰勒斯提出了"万物之源（本原、根源）为水"，通过这句话揭开了哲学史的篇章。世界生于水，归于水。不仅如此，对希腊人而言，"本原"一词，还有决定诞生物的存在形态的含义。因此，万物不仅来自"水"，万物的形态也由水支配。

万物包括人、猫、甲虫、蔷薇等。万物看起来形态各异，本质上却应是同一种东西。这种只能通过语言去探索无形的本原的思考，被认为是哲学的开端。而且，这种"对于语言的关注"也使得哲学得到不断的发展。

万物的根源是水

原来万物的根源居然不是我?

世上所有的一切都是水的不同形态

宙斯

碳化物（碳化钙）上加水会生火
＝火的根源也是水

生物没有水不
能存活

泰勒斯

泰勒斯探索的哲学，按照第欧根尼·拉尔修所说，属于哲学当中的一部分，被叫作"自然学"，第欧根尼认为，哲学的另一部分"伦理学"，是由苏格拉底开启的。

的确，现代历史、哲学史中经常提到泰勒斯是哲学学科的先驱，但给我们留下深刻印象的哲学家却是被审判宣布死刑的雅典人苏格拉底，而他的哲学领域是伦理学。

泰勒斯与苏格拉底之间有怎样的关系？师兄弟？泰勒斯生活在公元前 7 世纪到公元前 6 世纪，而苏格拉底生活在公元前 5 世纪。苏格拉底是地地道道的雅典人，除了参军之外没有离开过自己的国家。

明明两个人之间有这么大的差别，为什么后世认为泰勒斯与苏格拉底都是哲学家？

准确地说，苏格拉底生于公元前 469 年，在公元前 399 年被处以死刑，泰勒斯生于公元前 624 年左右，殁于公元前 547 年左右，两者相距 200 年左右。

哲学史中认为，泰勒斯是最早的哲学家，距离我们熟知的哲学家苏格拉底近 200 年的时间，这 200 年大约哲学处于休眠期，没有出现令人耳目一新的人。

最早的哲学家是谁

前文提到了《前苏格拉底哲学家残篇》这本书，接下来对这本书进行简单介绍。

《前苏格拉底哲学家残篇》由研究古典希腊哲学的德国学者Diels Hermann 和 Kranz Walther 所著。两位学者认真地从苏格拉底以后的哲学家们的残本中，摘选出苏格拉底以前哲学家们所说的内容，进行整理之后于1951—1952年出版。通过两位学者的努力，我们才能够了解从泰勒斯到苏格拉底之间诞生了哪些哲学家，以及这些哲学家的言论。

这本书有90个条目，大致按照年代顺序介绍了近百名哲学家。然而比较有趣的是，最开始介绍的哲学家并不是泰勒斯。泰勒斯排在第十一位。

排在第一位的竟然是俄耳甫斯。传说俄耳甫斯是一位诗人，为了救回妻子欧律狄刻而前往冥界。

虽然他最终并未成功将自己的妻子带回来，但其悲情故事一直被世人铭记。后来，俄耳甫斯成立了俄耳甫斯教。俄耳甫斯是一个有着神奇传说的人，因此这本书第一位先介绍了他。

一般认为俄耳甫斯的故事出自柏拉图的著作。柏拉图的著作中记载，俄耳甫斯肉体（soma，古希腊语）是灵魂的墓地（sema，古希腊语）（灵魂独自存在是好事儿，人的肉体束缚了灵魂。当人的肉体消亡，灵魂才能得到自由。俄耳甫斯教的教义认为人死亡之后才真正活着，也是受到了这个观点的影响），这对之后的哲学家都产生了很大的影响，这也许是俄耳甫斯在《前苏格拉底哲学家残篇》这本书中第一个出现的原因。

俄耳甫斯的学说不仅限于此。当然，后世人们经常引用的"开始即为水""水是所有的一切，是开始"都是因为俄耳甫斯提到了"开始"，也就是本原这个词。

如果这个记述是真实的，那么代表最初探索世界的开始、根源（本原）的人可能不是泰勒斯而是俄耳甫斯。但俄耳甫斯认为万物从水中诞生是因为诸神，因此俄耳甫斯的观点依然属于theologia（神学）范畴。在这一层意义上，古希腊人认为俄耳甫斯并非第一个思考世界形成的人。

第十一位出现在书中的哲学家就是思考"世界的形成"的泰

勒斯。

书中对泰勒斯的学说介绍得非常详细，亚里士多德的《形而上学》第一卷第三章983b（译注：根据 Bekker 本全集的页码制定的标准编号，研究者引用亚里士多德文本的时候用它来精确表示原文所在位置，便于读者查找）中记载，亚里士多德曾说过，"泰勒斯认为万物的本原（根源）是水，万物生于水，归于水"。"从水而来再回到水的过程中，形状性质发生了变化，但本原都是一样的，所以水主宰万物"。至此，第一次有学者将世界的形成与神分割开来。

由此人们将世界的形成与神分开，开始客观思考这个世界是怎样形成并如何构建的，至此诞生了"哲学"这一学问。因此通常认为最初的哲学家并非俄耳甫斯，而是泰勒斯。

此后，到苏格拉底诞生的公元前 5 世纪之前，出现了近百名"哲学家"，数量着实不可小觑。

泰勒斯与苏格拉底之间

公元前 5 世纪的雅典在学术上确实取得非常大的发展，但这并非由于雅典人在学术上付出了巨大的努力。

前文介绍过的修昔底德确实是雅典人，以及稍后出现的苏格拉底也毫无疑问是雅典人。但前文中也曾说过，无论哪一门"学问"都不是起源于雅典的。明确地说，历史、哲学都起源于伊奥尼亚。

伊奥尼亚位于安纳托利亚半岛（又称小亚细亚半岛）西南部。安纳托利亚半岛现在是土耳其的一部分，因为风光明媚气候温暖，在古代也很出名。泰勒斯与希罗多德作为希腊人在当时都没有在本土居住，而是住在伊奥尼亚。诸多学问起源于伊奥尼亚，但在公元前 5 世纪的雅典得到了发展。

这些学问并不是在短时间内从伊奥尼亚迅速传播到雅典的。

伊奥尼亚在哲学方面有一位学者毕达哥拉斯。生活在公元前

6 世纪的毕达哥拉斯以哲学家（提出灵魂不死，灵魂轮回转世的人）、几何学家（提出毕达哥拉斯定理，即证明了三角形的勾股定理）、音乐家而出名。

毕达哥拉斯与泰勒斯等人一样出生在伊奥尼亚，即现在的土耳其沿岸的萨摩斯岛。后来移居到位于现在意大利半岛长靴形的脚内侧的克罗托内，并在克罗托内创立了毕达哥拉斯学派。也就是说毕达哥拉斯从伊奥尼亚移居到了意大利，在其中我们并没有看到雅典的出现。

此外还有一位提出"人不会两次踏入同一条河流"、万物流动的哲学家赫拉克利特。赫拉克利特生活在公元前 6 世纪（约公元前 540 年）到公元前 5 世纪（约公元前 480 年），活跃于现在位于土耳其西部、伊奥尼亚的艾菲索斯（Ephesus）。

赫拉克利特原本想要表述的是万物流动当中存在共通的逻各斯（logos，用一般语言翻译的话，指的是"言论""理""理性"等）。赫拉克利特认为，太多人不遵从共通的逻各斯，而是按照各自的想法生活。

哲学家巴门尼德（Parmenides，公元前 544—公元前 501 年）。巴门尼德生活在意大利的埃利亚，因此他的学派被称为埃利亚学派。

巴门尼德将"存在、不存在是不可能的……不存在、不存在是必然的"的"存在"和"不存在"清晰分开。"存在"与"不存在",当然是完全不同的。不过我们所熟悉的是存在的东西消失、出现不存在的东西。这是生成消灭,是人们开心或悲伤的原因。不过,巴门尼德说这是错的。"存在的东西不存在"与"a 是非 a",有着逻辑上的矛盾,巴门尼德在自己的哲学中总结出了事物的生成变化。

巴门尼德的弟子埃利亚的芝诺(Zeno of Elea)敬爱自己的老师,并大力推崇老师的观点。埃利亚的芝诺提出了"阿基里斯和龟"的悖论。阿基里斯(又名阿喀琉斯,是古希腊善跑的英雄)无法超越比自己提前一步出发的乌龟。阿基里斯为了超越乌龟,必须先到乌龟之前到过的地方。不过这时乌龟已经向前移动了一点,而他到了之后乌龟又向前移动了一点。无论经过多少时间,这一点距离都可以一直持续,结果就是阿基里斯无法超越乌龟的这一悖论。

运动是事物存在状态。运动中会发生微妙的变化,不研究事物的状态就无法进行哲学讨论。简要地说,存在就是存在,不存在即为不存在,这个观点支持了巴门尼德的学说。"阿基里斯和龟"的悖论在此后亚里士多德的《自然学》中,被用来区别现实态

巴门尼德与埃利亚的芝诺的论断

"存在"只是存在（"不存在"是不存在）

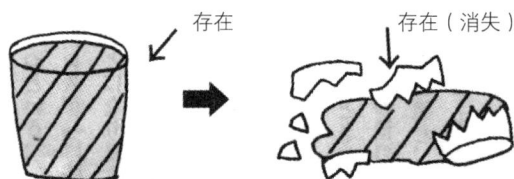

存在 存在（消失）

不可能从什么都没有的"无"中生成"有"，
也不可能从"有"消失成为"无"

巴门尼德

阿基里斯追不上乌龟

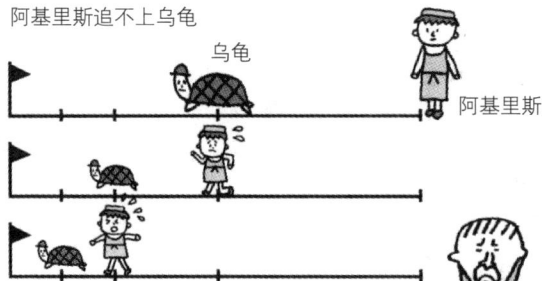

乌龟

阿基里斯

阿基里斯为了追上乌龟，首先必须到达乌
龟到过的地方，这时乌龟又向前移动了，
只要乌龟一直移动阿基里斯就追不上乌龟

埃利亚的芝诺

和可能态，取得了突出的论断突破。

公元前 5 世纪（公元前 493—公元前 433 年左右）还有一位活跃在意大利的阿克拉噶斯（今阿格里琴托）的哲学家恩培多克勒（Empedocles）。

恩培多克勒认为，世界由四根支柱（希腊语 resormata）火、水、空气、土形成。四根支柱各自为球形，让它们分离的是恨（希腊语 nachos)，而让它们结合的是爱（希腊语 Philia)，爱恨是动力因素，通过爱恨的各自作用而形成万物。这个观点用另一种方式阐述了巴门尼德的观点，并解释了世间万物的形成。

恩培多克勒还认为，本质相似的事物应该用本质相同的事物来理解，比如人类的灵魂与灵魂所思考的对象，即被思考的事物之间的关系，以及用土认识土，用水认识水，用空气认识空气，用火认识火，用爱理解爱，用恨理解恨。所谓的认识，就是指如何去理解认识的对象与构成认识对象的灵魂的组成部分之间的关系，通过理解本质相似的事物之间的共性来打破巴门尼德的诅咒。

从多个事物中找出共通的规律显示了一个哲学家的水平

世界由数字构成

毕达哥拉斯

万物流动

人不能两次踏入同一条河流

赫拉克利特

万物由原子构成

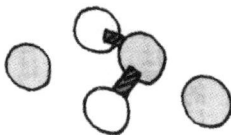

德谟克利特

世界由四根支柱构成

恩培多克勒

哲学家用诗表述万物

如同上文所述，诸多哲学家发表了各种各样的言论，而这些言论最终都在公元前5世纪的雅典得到了传播和发展。

这些哲学家都在探讨"万物"。当然，万物当中也可能包括人，由于人的特殊性——因为是人，所以作为人应该如何生存——这样的问题并不会被讨论。恩培多克勒所提到的"思考的灵魂"实际上也并不局限于人类。

现在说到哲学，人的生存方式、个体的生存方式、集体的生存方式，都是把人的生存方式当成问题。"我要怎么生存才好"属于个体生存方式，政治哲学范畴中讨论的是集体生存方式。而在古希腊时代，当时最重要的是脱离神去讨论万物的存在。因此在这层含义上，他们的哲学可以被概括为自然哲学。

附带一提，前文列举的公元前5世纪之前的哲学家，不知为何他们更偏爱用诗的形式来表述自己的哲学观点。

　　并且这些哲学家的诗歌不是自由体诗歌，而是韵律诗。也正因此俄耳甫斯一般被认为是著名的诗人，却出现在《前苏格拉底哲学家残篇》这本书中的第一位，现在看来也是可以理解的。

　　巴门尼德否认事物的生成消灭，他并不认为世间万物的生成消灭影响了人类的感情，从而产生诗心。因此看起来巴门尼德一直在努力保持平和的心态，用诗表述了自己枯燥无味的学说。

　　为何哲学家们会用诗表述自己的学说呢？也许是因为用诗表述，可以更容易让人听到，触动人们的心灵并且便于记忆。毕竟当时人们并不习惯积极地去记录别人的思考、言论、行动，并且纸、笔等工具并未普及。所以韵律诗更加便于记忆和传播。

GREEK

PHILOSOPHY

SOCRATES

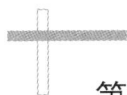

第二章
苏格拉底是何人

心向雅典的哲学家们

公元前 5 世纪，苏格拉底出现了。

众所周知，苏格拉底生活在雅典，是第一个用自由体诗歌来写哲学书的哲学家。如果对苏格拉底的介绍仅限于此，是远远不够的。

的确，由于苏格拉底的出现，古希腊同时期也不断涌现出很多从别的地方聚集到雅典发表哲学观点的人。比如哲学家德谟克利特（公元前 460—公元前 370 年左右）。德谟克利特出生于阿布德拉，当时是伊奥尼亚的一部分，现今位于希腊东北部。

德谟克利特提出了再也无法分割的原子（《铁臂阿童木》的"atom"也使用了原子的意思。内容虽然一样，但这个单词原本是"a + tom"，意思是"无法+分割"。因此原子没有任何属性，原子之间的差异只在于大小和形状）的概念，德谟克利特认为无数的原子在空间内移动、碰撞、连接，形成不同物体。

承认存在什么都没有的空间，可以说是哲学发展史上里程碑

德谟克利特的原子论

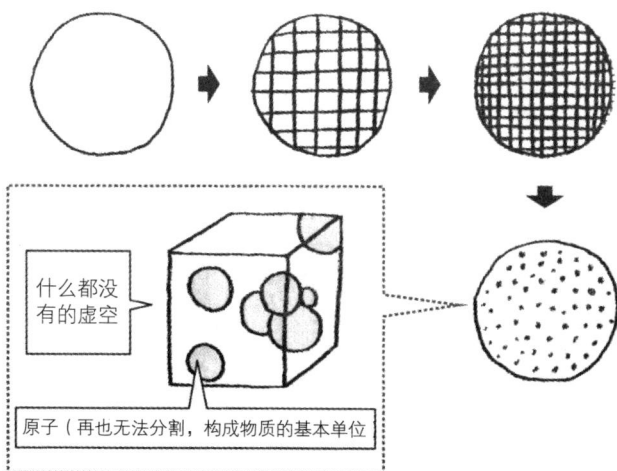

什么都没有的虚空

原子（再也无法分割，构成物质的基本单位）

万物就是无数的原子在空间内移动、碰撞、连接，形成各自的特性、性质。

德谟克利特

式的事件。在宇宙飞船上天的现代，我们一般认为宇宙诞生之前是什么都没有的空间。而古希腊时代的人们认为，存在什么都没有的空间，这句话似乎存在语言矛盾。巴门尼德所处的时代，人们以语言为中心思考，在这种时代背景下，提出这样的观点可以说非常惊世骇俗了。

原子不像土水火风那样拥有独立的个性。在一个空空的空间里，没有个性特点的东西通过各种运动构成拥有特质的物体事物，这一点对于当时的普通人来说是很难理解的。

由于观点不能为世人所接受，德谟克利特离开故乡，没有去意大利，而是去了雅典。

当时苏格拉底在雅典非常活跃，《名哲言行录》中有这样的记载："德谟克利特了解苏格拉底，但苏格拉底并不知道德谟克利特。"对于这句话，德谟克利特自己认为原因在于"虽然我去了雅典，但并没有人在意我"。

无论真实情况怎样，我们能够发现有新观点、新发现的人向往的目标是雅典。这一点就是序言中所说的，公元前5世纪是雅典学问的兴盛期。

无论持有什么意见的人，在这个时代都心向雅典，这就足以说明当时雅典学术的繁荣。

智者们的活跃

十

智者，指的就是上文中提到的来到繁华雅典的学者。

智者（sophist）这个词，现在还留存在英语等语言当中，翻译成日语就是诡辩家、歪理家等意思，同一个词根形成的 sophisticated 的形容词，被翻译成"老练的""有教养的"。即便是歪理，想要人信服也需要具备诡辩的技巧，所以诡辩家也需要具备相当的学识才可以。

这些智者都不是雅典本地人，但是他们都是以公元前 5 世纪繁华的雅典为目标而来到这里的。

那时的雅典是直接民主制。这就意味着，如果想要说服城邦的大多数人，需要非常高明的论辩术。因此有时即使是薄弱的观点，也可以说服别人。标榜拥有这样的论辩术的"智者们"接踵而至，《名哲言行录》的最后部分提到了这些智者。其中有名的有普罗泰戈拉（Protagoras，公元前 500—公元前 430 年），他和德谟克

智者们活跃的背景

当时（公元前 5 世纪）的雅典实行直接民主制

喔！哦！

大家觉得
对吧！

喔！哦！

哇！是这样的。

喔！哦！

有教养、能辩论、擅长辩论术的，能够
说服人们的一方获胜！

辩论要这
样进行

不愧是
老师！

让这个孩子做
老师的弟子！

这次的辩论请
让我赢吧！

利特一样是阿布德拉人。

普罗泰戈拉的名言是"人是万物的尺度"。近代人看来，这个观点非常傲慢，以自我为中心，看起来倒像是现代人自由主义的先驱，但其实他的理论与自由主义还是有所不同。普罗泰戈拉所说的人，是每一个人，每一个人都是尺度。并不是说人类，或者特指的伟人是尺度。

这么一来，仅凭人数优势也能让一个并没有太多依据的观点成为真理，因此一个绝对的真理并不存在。这就是所谓的少数服从多数的相对主义的思维方式，意味着在一些情况下意见不存在对错，大多数人抱有相同的错误观点而已。

因此，如果世上没有什么绝对的真理，所有的观点都是相对正确的话，只要你具备巧妙的游说技巧，就可以在民主大会等机构获得赞成票，并不是说你的观点就是真理或是正义。所以普罗泰戈拉说自己想要教授世人这种技巧，当然，不是免费的。从这个角度来说，我们可以认为包括普罗泰戈拉在内的智者团体是现代教师的先驱。

喜剧作家阿里斯托芬对这个潮流不以为然，他曾经以苏格拉底为主人公创作了喜剧《云》。阿里斯托芬讨厌这种新流行，他是一位推崇过去的雅典的保守派人士。当然，在当时的雅典，类似他这样的人还大有人在。

极具讽刺意味的是，在喜剧《云》当中，苏格拉底被描绘成智者的领袖，后来在关于自己的审判中被判了死刑。

人间尺度命题

前文所提到的智者领袖之一普罗泰戈拉发表的"人间命题"成为智者活跃的一个原则。

"人（每一个个体）是万物的尺度"，换言之，无论是谁，任何时刻所持有的观点和意见，都是不容置疑的真理。因此任何人都可以发表观点，什么都可以辩论。于是擅长演讲的人就可以取胜，用现在的话说，如果在法庭上，所聘请的律师口才好就可以胜诉。

不过普罗泰戈拉所说的"人是万物的尺度"还有补充。"存在之于存在是存在，不存在之于不存在是不存在"，这种补充完全不知所谓。那么用热咖啡为例来解释解释，热咖啡（热）、不热，简单地说热或者不热，都可以说是每个人的尺度。

前面已经说过"人"不等于"人类"。其实我更担心在现代社会，"人类（只有人类）是万物的尺度"的观点会被更多的人接纳。

比如现代人类正在进行转基因等研究，在这一过程中，所有的一切＝万物，都可以被人类任意进行基因重组，这种完全以人类为中心的想法真实而可怕。比如人类培育的肉用牛，为人类提供牛肉，肉质丰厚、脂肪少。因为普通牛有角，不方便处理并可能伤到人，所以肉用牛的角在培育中大多被去掉了。这样的牛只是以牛的名义存在，想想都会不寒而栗。作为人类的一员，希望人类能够停止这样的举动。

普罗泰戈拉是古希腊人，并不知道基因之类是什么，当然也不知道刚才举例的肉用牛。普罗泰戈拉说的人不是人类，而是非全人类的每一个人。那么，每一个人是万物的尺度的含义是什么？

例如，我是一个单独的个体。作为独立个体的我来到咖啡店，想要喝一杯咖啡。嘴唇刚触及杯子，烫！无法忍受的烫，简直无法入口。我就对咖啡店店主抱怨。店主会说："大家都很喜欢喝呢。你看，那边那位。"这时我要怎么办？我也许以为"大概因为我喜欢猫，所以我的舌头就像猫一样怕烫"，于是默默地忍受。

根据普罗泰戈拉的观点，人是决定事物怎样的尺度，我认为"烫！"的时候，毫无疑问就是烫。完全不用反省自己是否真的"怕烫"。这种情况下，烫或不烫，由个人的意见所决定的。

对于世界上一切存在的东西，以及相反的不存在的东西，"我"都可以成为评判的尺度标准。这么一来，"我"就是绝对正确的。"我"可以堂堂正正地表述自己的意见。

但是这个观点是有问题的。"我"是"人"，是事物的尺度。而咖啡店的店主，也是"人"，也是尺度。"我"和"店主"现在就咖啡是否过烫有不同的意见。按照普罗泰戈拉的意见，双方都是尺度，双方都没错。

"我"和"店主"在发表各自观点的过程中，"尺度命题"是有效的。"我"认为烫没问题，觉得咖啡温度正好的店主也没问题。但是，如果"我"因为咖啡太烫无法入口要求咖啡店店主给我赔偿金，咖啡店店主不同意的话，这就是一场辩论。

这个时候普罗泰戈拉出现了。普罗泰戈拉担任的是类似诉讼的律师，可以为任何一方辩护。普罗泰戈拉的观点是，无法判断哪一方是正确的，都各持己见，那么双方都是对的。普罗泰戈拉当然支持能够支付高额诉讼费的一方。

事实就是如此。普罗泰戈拉作为智者的领袖，使用智者的技巧赢得诉讼。众多其他智者们，效仿普罗泰戈拉在雅典广泛地开展这类活动。所以阿里斯托芬用一位保守派人士的角度，在喜剧《云》中将这类情节以喜剧表演的形式进行了讽刺。

普罗泰戈拉的人间尺度命题例

苏格拉底的出现

✝

　　智者们利用辩论技巧在这类诉讼案件中胜诉，同时让法案在公民大会上成功通过。这一切的前提在于当时的审判、政治，都是由民众直接参与、直接投票决定的。

　　前文也曾提及，当时的雅典城邦采取直接民主制。从政治上来讲，这和当今日本的间接民主制不同，不存在党派党首。大家随意地集合在一起，随意地在演讲台上陈述自己的观点。反过来说，如果要通过某项法案，法案的提出者支持者就必须在"公民大会"公开主动陈述法案的优点。

　　一般情况下，民众更容易受到煽动性言论的影响，一窝蜂地偏向某个观点。所以只有具备巧妙的口才，善于煽动人群，营造这种效果才能使提案得以成功通过并参与政治活动。因此，雅典父母都带着巨额学费把孩子送到拥有这种技巧的人的门下进行学习。智者，就这样在雅典作为拥有这项技能的教师而生存。

在同一时期的雅典，苏格拉底作为雅典市民出生了。他声名远扬，即使是对哲学没兴趣的人，也有很多人都听过他的名字。

苏格拉底的哪些观点被认为属于哲学范畴呢？苏格拉底又是怎样的学者？为何 2500 年之后的今天，还会有很多学者研究苏格拉底？

苏格拉底不咏诗，并且自己不写书。也许苏格拉底并没有打算用诗歌来表达观点，也没想过传播自己的观点，又或许纸价太贵，甚至有学者猜测也许苏格拉底不擅长写作。不管出于何种原因，现代没有留下任何苏格拉底的诗歌或者著作。如此说来，同时期的伟大学者，比如孔子（公元前 551—公元前 479 年）、释迦牟尼（公元前 463—公元前 383 年）[①]，时间略晚的耶稣基督（公元元年—约公元 28 年），也都没有自己的著作。

幸运的是，苏格拉底的弟子柏拉图记录了苏格拉底的观点。柏拉图也是雅典市民，是一位著名的哲学家。下一章会详细介绍柏拉图。柏拉图的主要作品（《对话集》，使用对话体推进内容），是以苏格拉底为主人公进行创作的。而柏拉图自己的名字只在三处出现过。

---

① 译者注：其生卒年争议较大，中国普遍采用的是近代学者从南齐的典籍推算（公元前 565—公元前 486 年）。

除了柏拉图以外，也有几位学者以苏格拉底为主人公，或者以他为主人公原型进行了创作。比如历史学家色诺芬，创作《名哲言行录》的第欧根尼·拉尔修等，而前文提到的阿里斯托芬在苏格拉底在世时，以苏格拉底为主人公甚至创作了喜剧。

这里列出描述苏格拉底之人的生卒年，仅供参考。

苏格拉底（公元前469—公元前399年）

阿里斯托芬（公元前445—前385年）

色诺芬（公元前430—公元前354年）

柏拉图（公元前427—公元前347或348年）

第欧根尼·拉尔修（180—240年）

其中阿里斯托芬与苏格拉底生活的时代最为接近。阿里斯托芬是雅典有名的喜剧作家。

阿里斯托芬笔下的苏格拉底

古希腊时代的雅典，有悲剧的庆典和喜剧的庆典。双方各有三位作家在市民面前上演自己的作品，根据投票结果选出第一名、第二名和第三名。

雅典著名悲剧诗人索福克勒斯所写的《俄狄浦斯王》被认为是悲剧的巅峰之作。许多年之后，活跃于19世纪到20世纪之初的奥地利心理学家弗洛伊德，用悲剧主人公的名字命名了著名的概念"俄狄浦斯情结"。希腊语中的发音，在现代欧洲语中略有变化。

喜剧中大家可能对《女性的和平》（公元前411年上演）略有耳闻，但名气显然略逊悲剧的《俄狄浦斯王》。《女性的和平》的作者正是阿里斯托芬，描述了由于长期无法缔结和平条约，男人们因为战争常年不在家，即便短期返家也没有性生活，女人们对此表示抗争，团结起来进行性罢工的故事。而当时的雅典正处于伯

古希腊的三大悲剧诗人

欧里庇得斯	索福克勒斯	埃斯库罗斯
公元前约 485—公元前 406 年	公元前 496—公元前 406 年	公元前 525—公元前 456 年
主要作品《美狄亚》《安德洛玛刻》	主要作品《俄狄浦斯王》《安提戈涅》	主要作品俄瑞斯忒斯三部曲《阿伽门农》《奠酒人》《厄默尼德》

罗奔尼撒的长期战争中。

阿里斯托芬在十年前创作的喜剧《云》（原版为公元前423年，几次改写）里，以苏格拉底为主角。这部剧中的苏格拉底不是哲学家，而是掌握颠倒黑白诡辩技巧的智者领袖。

颠倒黑白的辩论能力是指，不管观点和意见是否正确，辩论的目的只是取胜。让人困惑的是，能否把不对的说成对的，展开强势辩论？柏拉图笔下的苏格拉底在法庭上发言认为，这种做法无疑会使个人成为可以影响判决结果的主要因素。

喜剧作家阿里斯托芬推崇旧日的雅典。阿里斯托芬不希望本土的雅典人会受到智者带来的奇淫巧技的影响。之所以阿里斯托芬将雅典人苏格拉底描绘成一位智者，作者大约是想表达自己回归古雅典的想法吧。

然而在喜剧中以苏格拉底为主人公，这个做法值得商榷。苏格拉底本人并不是专营诡辩的智者，也没有向人们传播这种技巧。《云》这部喜剧只得了最后一名，之后这部作品经历了数次改编，依然未取得成功。

在阿里斯托芬创作的这部作品中，苏格拉底列举了从云之女神得到的七种事物。大致可以分为两类：一类是知识、知性、对话。另一类是不明就里的谈话、委婉的话术、语言的押韵、惯用语。

　　后面的四种，据说是智者要教授给弟子的内容。知识、知性、对话这三种，怎么看都不像智者会说的话。只有在具备知性、知识等客观条件的背景下，所持意见才是真理，那么如果智者有知性、知识，也许智者的意见就是正确的。在这种前提下，智者是无法用高超的演讲技巧压倒对手取得胜利的。那么智者作为律师则毫无用武之处。

　　那么阿里斯托芬在创作的时候，为何会列举知识、知性？

　　只有通过创作加工，阿里斯托芬才能把自己听到的、苏格拉底经常说的内容，让戏中的苏格拉底说出来。如果在作品中加入苏格拉底真实说过的言论，那么在真假参半的情况下，让大多数人听起来会觉得更真实、更有可信度。所以我推测，阿里斯托芬在智者们常说的语句中掺入了苏格拉底曾经说过的话。

　　那么已经提及三次的"对话"到底是什么？这里说到的对话，是希腊语"dialexis"。这个单词是从"dialegesthai"，翻译成"对谈""争论"的动词衍生而来的。实际上，"dialegesthai"这个词，在《名哲言行录》苏格拉底条目中出现了三次。根据书中的语境可以翻译成"争论""问答对手"等。"争论"一词具有非常浓厚的苏格拉底色彩。

在柏拉图所著《苏格拉底的申辩》一文的开头部分，苏格拉底对诸位审判员说，对阿里斯托芬所说的"争论"略有耳闻，而自己则希望审判员理解为"对谈"。

不管诸位审判员是否按照苏格拉底所要求的理解，阿里斯托芬自己也在《云》中，以剧中剧的形式描写了"争论"的场面。

作品只是从形式上展示了"争论"，形式上就是智者之流利用四要素（不明就里的谈话、委婉的话术、语言的押韵、惯用语）进行正邪观点的辩论。因此作品中的"争论"场景，根本不是真正的"争论"，而是对智者上述四种技巧的展示，事实上这些诡辩技巧完全经不起推敲和反驳。也正因此，阿里斯托芬在剧中剧"争论"开始前，让苏格拉底退场，歪理胜利已成定局之后，再让苏格拉底上场，从这里可以看出来阿里斯托芬也认为"争论"与苏格拉底所说的 dialexis 完全不是一回事。

阿里斯托芬把苏格拉底描绘成智者领袖，大概是对苏格拉底不满吧？

阿里斯托芬与苏格拉底是否真的交恶我们不得而知。不过，柏拉图描述过，在称颂爱神厄洛斯的作品《会饮篇》中，阿里斯托芬与苏格拉底都参加了讨论厄洛斯颂歌的会议。

当然，阿里斯托芬与苏格拉底意见不同。阿里斯托芬的观点比较异想天开。他认为，过去，原本浑然一体的人被神之手一分为二成为两个人，这两个人如果能够复合在一起就是爱情。这个有趣想法让他收到了很多掌声。苏格拉底则认为，从女巫狄欧蒂玛那里听说过，向往美的厄洛斯并不拥有美，因此不可能是神。

但因为这样就判断意见相左的两人交情不好则略显草率。在古希腊时代，像这样的讨论会很常见，学者们不会因为这样的事情而交恶。所以，当盛宴结束之后直到天明，苏格拉底和阿里斯托芬（还有一位悲剧作家阿伽通加入）在一起谈笑风生。

当然也可以说，不愧是阿里斯托芬，是他仔细观察发现了苏格拉底"争论"这个特点。不过，虽说是同一时代的人，从阿里斯托芬所写的东西来看，他对苏格拉底的理解尚显不足。

如果想研究苏格拉底，还是要通过其他哲学家对他的描述来研究更为妥帖。

色诺芬笔下的苏格拉底

十

虽说哲学家写哲学家，但其实我们并不知道哲学家是什么样的人。此前的哲学家们都运用诗歌来表达，但是苏格拉底比较另类。

当然，用诗传播哲学的时代已经过去，因为智者们的出现，这时的古希腊人更重视用精彩的演讲展示自己并笼络人心。尽管苏格拉底和柏拉图相对而言都属于较为传统以及古典的学者，但是他们没有选择用诗阐述哲学，而是用自己并不太认同的智者们的方式，即用散文方式阐述哲学。举个例子，虽然《云》表述的苏格拉底并不是苏格拉底真正的样子，但这部喜剧中，合唱团的云之神唱的是诗歌，而苏格拉底的台词则是普通的语言。

柏拉图也没有用诗歌长篇大论地描写苏格拉底。这时我们肯定会好奇，柏拉图自己是哲学家、老师苏格拉底也是哲学家，那么柏拉图在描写苏格拉底时，是不是大唱赞歌了呢？

那么我们来看看柏拉图笔下的苏格拉底。柏拉图笔下的苏格拉底与大部分苏格拉底同时代学者的描述非常接近，但是我们也必须考虑到哲学家描述哲学家时会产生的不客观。色诺芬以及稍晚的第欧根尼·拉尔修，这两位学者对哲学家苏格拉底的描述都不全面，我们先研究二者笔下的苏格拉底，再看柏拉图笔下的苏格拉底。

色诺芬写了三本关于苏格拉底的书。三本书中时不时引用了《荷马史诗》中苏格拉底的只言片语。色诺芬也是用了非常普通的语言描写苏格拉底。

色诺芬描写苏格拉底的书是《回忆苏格拉底》《苏格拉底的申辩》《会饮篇》。比之后要讲的柏拉图的作品简单，我们先看看《申辩》中所写的苏格拉底。

苏格拉底受刑死亡的那一年，色诺芬作为将军出征海外，并没有在雅典。《申辩》书中的内容是色诺芬从苏格拉底的弟子赫莫杰尼斯（Hermogenes）那里听来的。赫莫杰尼斯一直陪着苏格拉底，即便受刑的那一天，赫莫杰尼斯也在现场。

书中值得我们注意的是，苏格拉底从凯勒丰（Chaerephon）那里听说德尔斐神谕的故事。

凯勒丰信奉苏格拉底，并在很多人面前，说自己曾向德尔斐的阿波罗神询问过苏格拉底，阿波罗回答："人世间再也没有像苏格拉底那样自由的人，也没有他那样公正、有辨别力的人了。"

苏格拉底的弟子赫莫杰尼斯说，苏格拉底在受审时对审判官说了这个故事，激怒了在座的审判官，引发了骚动。似乎审判官认为这是苏格拉底对审判的藐视，色诺芬认为这是苏格拉底被判死刑的主要原因。

不过这个故事中令人费解的是，色诺芬描述的苏格拉底如果真的相信了阿波罗神谕，应该将阿波罗神谕当作秘密，那么又为何要在审判庭上当众公开呢？

如果苏格拉底真挚地相信了神谕，就算在审判庭上面对审判官，苏格拉底也应该接受神谕，表现出神谕所描述的深厚信仰，所以这里存在逻辑悖论。

第欧根尼·拉尔修笔下的苏格拉底

十

公元前 5 世纪一直到公元前 4 世纪，雅典非常繁荣，如同前文所说，众多学者带着各种观点从各城市来到雅典，阐述自己的意见、争取赞同者、收徒弟赚钱。其中最受欢迎的，是智者的辩论术。

哲学家苏格拉底当然热爱语言，虽然他自己并不书写，只是述说。第欧根尼·拉尔修在《名哲言行录》中收录了几条关于苏格拉底语言的独特性的描述。

比如，"苏格拉底最早论述了人的生存方式"，"苏格拉底与学者辩论交流之时，随着辩论越来越激烈、越来越失去理性，对方发怒、用手杖打他、抓他头发，苏格拉底都忍受着。有一次对手用脚踢他他也忍受着，对手很吃惊，苏格拉底则回应'我能去审判所起诉踢我的傻瓜吗？'"

关于苏格拉底在辩论时总能让对方感受到敌意这种异常现象，

第欧根尼·拉尔修进一步描述道："苏格拉底除了打仗之外，没有离开过雅典。他一直留在雅典，带着强烈的好胜心持续探求，是为了吸取辩论对手的意见。他不是为了羞辱对方，而是为了探求真实。"这是为了给苏格拉底近似强词夺理、"带着好胜心"的激烈辩论方法进行辩护。

如果辩论过程会让对方感受到敌意，那又怎么能让对手探究真实呢？同时对手也会有不想听到的内容，比如说"傻瓜"。被人骂做"傻瓜"，所以辩论对手感受到的是苏格拉底的优越感，以及一种对自己的藐视。

第欧根尼·拉尔修关于苏格拉底的妻子赞西佩（Xanthippe）的论述，也让人感觉有不合理之处。据说赞西佩不仅对苏格拉底唠唠叨叨抱怨，还向苏格拉底泼过水。苏格拉底说："我对赞西佩说，雷鸣之后通常都会下雨。"赞西佩是否真是这样泼辣、有个性，我们不得而知。

这里顺带一提柏拉图所写的赞西佩。柏拉图只在一处提到过赞西佩。那是苏格拉底被执行死刑时，出现在现场的赞西佩。

柏拉图写道，她像普通女性那般哭喊。虽然这是女性的正常反应，但苏格拉底觉得太吵了，他正准备发表一番义正词严的演讲，于是他拜托朋友克里托带赞西佩回家，克里托叫了自家的佣人，将赞西佩送回了家。

柏拉图笔下的赞西佩，是个相当普通的女人，和那个雷鸣一样的赞西佩相去甚远。不过，正因为赞西佩并不普通，才会出现《名哲言行录》里那种有趣的故事。话虽如此，读了几遍《名哲言行录》之后，还是会觉得有违和之处。即便是逸闻趣事，但故事内容未免太过直白。苏格拉底进行如此激烈的争论目的何在？

刚才列举的苏格拉底的言行，无论哪个都告诉我们，苏格拉底是一个毫不考虑对方、近乎惹人讨厌、带着好胜心羞辱对方的人。《名哲言行录》成书于公元3世纪，当时这种羞辱对方的内容，可能被人们认为可以显示哲学家精妙的语言话术。虽然人们可能会有类似的看法，但我还是想要说"争论"一词与苏格拉底还是有距离的。

发现"无知之知"

十

　　问题从这里开始。说到苏格拉底，比起色诺芬的书，我们更应该先参考柏拉图的书。谈到哲学家苏格拉底时必然会提及，真正的哲学家柏拉图所写的《苏格拉底的申辩》。

　　创作出《名哲言行录》的第欧根尼·拉尔修，将哲学分成三部分，其中，"自然学"的代表人物是泰勒斯，"伦理学"的代表人物是苏格拉底，"论辩学"的代表人物是埃利亚的芝诺。

　　前文已经讲述过泰勒斯对自然学感兴趣的背景。那么，苏格拉底为何被视作最早论及伦理的哲学家呢？

　　伦理就是人的生存方式。提到泰勒斯，就不得不提"神谕"。用神的声音、说着模棱两可内容的神对人类构成了威胁，怎么看待这个"神谕"，即使是苏格拉底也非常困扰。

　　值得我们研究的神谕，是此前在色诺芬的《申辩》中出现的。同一个神谕，柏拉图、苏格拉底都说过。但是，不同的学者对于同一个神谕的解读也会不一样。

《苏格拉底的申辩》中关于凯勒丰祈求神谕是这样叙述的。

"某时凯勒丰去往德尔斐，祈求关于苏格拉底的神谕。凯勒丰问：是否有人比苏格拉底还贤能？女巫回答没有人比苏格拉底更贤能。"

几个版本到这里都是相同的，但后面就完全不一样了。

《苏格拉底的申辩》中除了神谕以外，还出现了"dialegesthai"（对谈）之类的词。"dialegesthai"（对谈）这个词，不仅被认为是苏格拉底的辩论技巧，如阿里斯托芬所说，也是苏格拉底语言的特征，"dialegesthai"来自动词"dialexis"。

苏格拉底认为这个词恰到好处地代表了自己的生活方式——"对谈"或"争论"。苏格拉底通过与自己周围的人"对谈"来传播自己的生活方式，并通过这样的方式品味周围人的生活方式。

实际上，苏格拉底做的远不止于神谕所暗示的内容。

苏格拉底无法认同那个神谕。那么苏格拉底怎么做了呢？这毕竟是来自神的神谕，尽管神谕暗示的内容让人摸不着头脑。

苏格拉底迷惑过、思考过。神肯定不会撒谎，但是苏格拉底也无法认同自己是个贤者。那么应该如何解读？苏格拉底一直尝试着去解读神谕。苏格拉底打算亲自去拜访各处被称为贤能的人，每当发现真正贤能的人就向神汇报，世间还是存在比自己更加贤能的人。

这可以说是"对谈"的另一种形式。神成了苏格拉底"谈话"的最高阶的对象和辩论对手。

但这种做法其实毫无意义。苏格拉底试着交谈的对象，虽然被周围的人认为贤能，也许他自己也觉得自己贤能，实际上却一无所知。不仅如此，对未知的世界毫无兴趣。总之，不仅对未知的世界一无所知，而且以为自己知道一切，从而形成了"无知之知"。

发现"无知之知"是苏格拉底生命中的使命，比这更重要的是苏格拉底对神谕的态度。

通过前文我们知道，神谕对人类生存方式造成的影响是无可比拟的。神谕存在于人类生活的方方面面。即使以为自己已经避开，也会发现自己被完美暗示在神谕之中。苏格拉底借助谈话，把神谕变成自己能够接受的内容。这就是神谕，乃至于神，融洽、交谈，寻找到自己的正确生存方式，苏格拉底的成就比肩泰勒斯。

泰勒斯之所以是哲学家，就是因为他去掉了世界上没用的、还给人类造成困扰的神，自他之后，此后几百年哲学家们的工作变成了极力探求自然世界。

发现"无知之知"

苏格拉底也是哲学家。苏格拉底并没有打算逃避神对自己生活方式的指引。但是同时，苏格拉底也不是无条件地服从神。苏格拉底认为，必须通过与神对话，在交流的基础之上决定自己的生活方式。

神通过神谕给人类施加压力，苏格拉底用交谈的方式，将"神谕"按照自己的方式来解读。

当然，这是柏拉图笔下的苏格拉底的故事。因此与色诺芬所写的苏格拉底相比，也许柏拉图描写的苏格拉底和历史上的苏格拉底更接近一点吧。当我们思考真正的哲学家是什么样的人这个问题时，以柏拉图所写的苏格拉底为标准去思考，个人认为这样更容易接近哲学家苏格拉底。

柏拉图笔下的苏格拉底

《名哲言行录》中记载："苏格拉底是第一位被审判的哲学家，也是最早被判死刑的哲学家。"苏格拉底在公元前 399 年被审判并判处死刑。

当时的死刑判处苏格拉底饮下"被研磨的毒"（估计是毒芹）。苏格拉底平静地喝完，毒发弥留之际，拜托朋友克里托"记得给克来皮乌斯供奉一只鸡"，说完死去。克来皮乌斯是医疗之神，古希腊有向克来皮乌斯进奉一只鸡以求病愈的习俗，苏格拉底反其道而行之，其真意或许是"活着是灵魂病了，死了反而病好了"。

关于苏格拉底接受审判，柏拉图提到，苏格拉底认为自己被起诉的原因有二。

其一，过去苏格拉底一直被人们认为"知晓天上地下事，论辩能力超群"，不仅如此，苏格拉底还在传播这种能力，阿里斯托芬也说他是智者的领袖。

其二，苏格拉底以"不承认城邦承认的诸神，而是相信新奇的精灵之类"的罪名被爱国者墨列图斯（Meletus）起诉。

《苏格拉底的申辩》中描写了审判时苏格拉底是如何回应这两个控诉的。

由于苏格拉图与柏拉图的关系，所以我们无法确定柏拉图描写的苏格拉底有多接近真实的苏格拉底本人，关于这一点，很多研究者都有各种各样的论述。让我们先搁置各种带来麻烦的争议，试着看一下哲学家柏拉图是如何描述哲学家苏格拉底的。

古希腊时代，审判员在雅典并不是专门的职业，与今天日本的审判法庭制度（法官三人加审判员六人）相比，只是缺少了三位法官。换句话说，当时雅典的审判法庭上，每一场审判只有六名审判员在场。抽中签可以出席的六千位市民都是审判员，这六千人在数场审判中按照比例进行分配。

就审判的数量来说，一般个人之间的纷争为私法审判，一天四件，与城邦全体相关的公法审判一天一件。而对苏格拉底的审判属于后者，耗费了一天时间。公法审判中出现重要的案件时，六千人会全部担任审判员。

出席苏格拉底审判的审判员是五百零一人。即使在日本最高法院的大法庭中，审判员席为十五人，加上旁听席，五百零一人也是太多了。所以苏格拉底的审判是在室外进行的。

我们不由得疑惑这种没有专业人士、五百零一人的室外审判究竟是如何举行的。当时也没有麦克风这种扩音设备。审判员能不能听得到苏格拉底的申辩和起诉者的演讲也未可知。不过，雅典实行直接民主制，市民们经常参加在室外召开的公民大会并且投票，也许对提高听力有帮助。

《苏格拉底的申辩》就是在这种场景下进行的。书中描写，苏格拉底提到了阿里斯托芬的喜剧《云》，他认为这部喜剧阐述了自己被控诉的根源。

如前所述，这部喜剧以当时雅典流行的智者技巧为靶子进行了有趣的批判，而且把苏格拉底描写为教授诡辩术的智者领袖。

因此，在《苏格拉底的申辩》中，苏格拉底在一直强调自己擅长的仅是某一方面的辩论术。比如天上地下的事物、让论辩能力变强等都是不用争论的，那么《名哲言行录》认为苏格拉底争论"关于生活方式"的观点就非常合理了。《名哲言行录》说苏格拉底是最早争论这个问题的人。

接下来审判如何进行我们就要参考《名哲言行录》了。如前文提到的，不断争论导致了审判员的不快。从柏拉图的作品中可以看出，苏格拉底不会看对方的脸色来改变自己的态度。

　　比如，在《名哲言行录》中，苏格拉底用讽刺的口吻将对自己的惩罚说成"请我在政府厅用膳"，其实这没有任何必要。这句话的前提是已经确定了刑罚，接下来就要看被告愿意付出多少代价了。一般情况下被告人都想通过缴纳罚款来免除死刑、流放罪。苏格拉底对自己一直以来的行为，认为是"抓住一个又一个的人，并不要钱财等物，行善之事，也不在意对方是不是只是追随自己，只是说服对方"，苏格拉底坚持认为自己一直做这样的事，应该像在奥林匹亚竞技赛中的马术竞赛胜者一样，享有在政府厅用膳的荣耀。这当然导致了在场更多审判员的不满，之后即使柏拉图等人一直努力提高罚款的金额，也没有任何改变，苏格拉底依旧被判处死刑。

　　在《名哲言行录》的记叙中，苏格拉底似乎相当不识时务，固执己见、不听劝导，类似令人不快的争论多次出现。不过，这并不一定是事实。柏拉图笔下的苏格拉底，恰恰有着交流的对象，他只听了一个人的忠告。

　　这个人，就是《苏格拉底的申辩》中出现的精灵的声音。

精灵是什么

十

《苏格拉底的申辩》中写到，精灵是苏格拉底的起诉人墨列图斯列出的罪状之一。

墨列图斯在他的宣誓起诉书中说，苏格拉底的罪状之一是带坏年轻人，另一条就是"不相信城邦承认的诸神，而是相信别的新奇的精灵之类"。这句话中出现了精灵。

也许很多人没听说过"精灵"（daimon）这个词。不过在现在欧洲语当中还是经常使用"精灵"一词。英语里用"demon""daemon"表示恶灵，而且出现了"demonic、demonism"等很多带有"demon-"前缀的单词。细数下来数量颇为可观。"demōnisshu"是德语，意思是好像被鬼神抓住，感受到超自然的力量。

精灵一词来自希腊语，在据称是公元前8世纪的荷马的作品中，也有用精灵明确指代"神"的描述。

比如，有名的《奥德赛》三卷中涅托斯尔告诉奥德赛的儿子特勒马科斯关于他父亲的消息时，文中出现了精灵一词，结合上下文语境来分析，话中的精灵指的是大神宙斯。

在特洛伊沦陷之后的归路上，之前一直团结的希腊军变得七零八落。这是因为"冷酷的宙斯还不想让我们回家"，所以"一直设计奥德赛"。涅托斯尔因此说"我知道精灵的坏心思"，让船向着祖国的方向前进。此处的精灵一词结合语境来看指代的是宙斯。

那么苏格拉底的时代又如何呢？到了苏格拉底时期，人们开始强调精灵的另一面，认为精灵是神与人结合所生的、等级较低的超自然生物。

话虽如此，人们还是承认精灵由神所生，与神有关联。因此，苏格拉底在法庭上与起诉人墨列图斯的对话中，说出自己信奉精灵类的话，无疑就表示苏格拉底自己是相信生育精灵的父母神的。

由于精灵是人与神的产物，精灵就具有新的职能。如果神与人之间没有直接的关联，那么为了保持人与神之间的关系，精灵就成为一个必须存在的纽带。

后来柏拉图在《会饮篇》中，介绍了苏格拉底过去曾和自己讲过的故事，内容是苏格拉底与女巫狄欧蒂玛交流之后领悟了厄洛斯的事。

　　这部对话集集中了当时的许多名人，每一个人都称颂厄洛斯。当然，关于厄洛斯的故事，众人都认为是厄洛斯追随女神阿佛洛狄忒，代表善与美。但是苏格拉底认为，女祭司狄欧蒂玛说的是，追逐美的厄洛斯因为不美而追随阿佛洛狄忒，这样的厄洛斯在美这一方面是有缺憾的，"爱"不拥有善和美，因此不算是神。苏格拉底很意外"（厄洛斯）是会死的（就像人一样）"，狄欧蒂玛却表示，"并不是，厄洛斯是伟大的精灵"。

　　精灵是神与会死的凡人之间的产物，也正因如此，精灵应是神向人类施加号令并得到的回馈，精灵的作用就是人类向神祈愿和传达进献。

精灵与苏格拉底

十

苏格拉底与精灵的指控，是当时人们认为的理所应当的关系吗？墨列图斯在审判中提出的"新奇"其实并没有什么要紧吧，他只想通过一些关于精灵的新词刁难苏格拉底。

不过，苏格拉底的精灵的确有"新奇"的点。在对墨列图斯的指责进行了反驳之后，苏格拉底以个人的名义和各种各样的人进行了许多争论，陈述了自己对城邦没有提出建议、劝告的原因。

于是又回到了直接民主制的话题。任何人都可以通过演讲来发表自己的观点。看起来有意见的苏格拉底，却没有在公开之地发表意见。苏格拉底做了如下解释：

"因为得到了神或者精灵的暗示。"

"从孩童时期开始，就一直有一种类似言语的声音。这个声音只会劝阻我的行为，而不会对我进行建议。"

苏格拉底说，对于国家问题闭口不谈是因为这个声音阻止了自己发表意见。

苏格拉底再一次提及这个声音是在死刑判决之后。他说从小至今，经常不断地甚至是在很小事情出现时，在自己想要做不合适的事情或者想要说什么时，这个反对的精灵就会出现，但是在判决死刑的今天，却一次都没出现。因此苏格拉底断言死刑判决，或者说死刑对自己来说也许并不是坏事。

苏格拉底的精灵或者精灵类的生灵，更进一步说，是一种与神的联系。精灵不会告诉苏格拉底应该怎么做。比如，就没有说出像对克罗索斯王那样暧昧的、有迷惑性的神谕。

苏格拉底要做什么、要说什么时，最初都是沉默地等待"神"的阻止。即便苏格拉底被判处死刑之后，也没有出现神或者精灵阻止的声音。这其实有点不太合理。

喜欢语言的苏格拉底

　　我再一次思考，凯勒丰祈求到"没有比苏格拉底更贤能的人了"这条神谕，苏格拉底是如何解读的。

　　苏格拉底听到凯勒丰带来的神谕，他并不接受这个说法，也无法无视，或者说是不能无视。因为不接受，苏格拉底也想用语言向神倾诉。他很想反驳神，想纠正神的错误。

　　在古希腊人看来反驳神是大不敬，是不能做的。只能自己默默地接受，或者认为是神错了。

　　苏格拉底发自内心地热爱语言，他还是坚持用语言，向对方传达目的。即便对方是神。或者，哪怕对方是神。

　　苏格拉底喜欢的"语言"，是希腊语"logos"。不过，希腊语当中还有一个表示语言的词，"mythos"。这两个单词有一些区别，mythos 是说故事的语言，logos 是论证的语言。因此，mythos 当中有"神话"的意思。与此相对，"论证的语言"logos 成为代表理性的词。

即使像苏格拉底那样"喜欢语言""喜欢 logos 的人",因为重视理性,所以认为与自己对话的神也应该喜欢 logos、喜欢理性。更进一步说,对于苏格拉底这样的哲学家来说,应该只有神才具有理性。这么一来,用语言反驳这样的神,并不会成为禁忌。所以苏格拉底放心大胆地去反驳了神。

然而苏格拉底失败了,被称为贤能的人都变得不贤能了。即使这样苏格拉底也没有放弃。虽然没有成功地反驳神,但苏格拉底坚信自己并不是贤能之人。

苏格拉底热爱语言,借助语言,思考着在自知与反驳失败之间存在的问题。其中出现的问题是:"我知道自己无知,其他的贤者并不知道。只在这一点我们不同。总之,我觉得人们可能知道自己无知。"也许苏格拉底计划将这个新发现传达给阿波罗神,并得到神的赞同吧。

实际上之前也提到,关于精灵的声音也出现了同样的问题。苏格拉底想要做什么时,精灵的声音考虑到了所有苏格拉底能想到的东西。考虑所有的一切,就意味着苏格拉底做事情时将所能涉及的人的反应都考虑到了,这是苏格拉底很自负的心理。面对着如此自负的苏格拉底,能够反对他的便只有超自然的声音了。

喜欢语言和讨厌语言

宙斯神：因为是神，有理性，不喜欢争论

精灵：为什么听不到精灵的声音？

苏格拉底

苏格拉底：死也不是什么坏事儿……所以就饮下毒酒吧

因为喜欢语言连神都反驳

相信语言无惧死刑

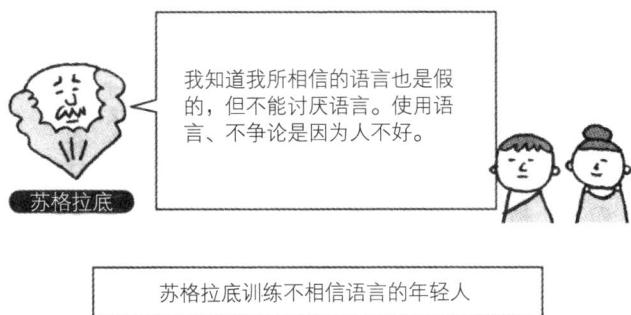

苏格拉底：我知道我所相信的语言也是假的，但不能讨厌语言。使用语言、不争论是因为人不好。

苏格拉底训练不相信语言的年轻人

　　苏格拉底有自信，但当他这么想并打算这么做时，都能听到精灵阻止他的声音，这反而使苏格拉底更加想要用心推进行动。特别是关于今日的审判。

　　不管怎么说，审判结果攸关性命。所以我们相信苏格拉底非常认真并用心参加审判并发言。不过，苏格拉底并没有听到什么所谓的精灵声音。

　　如果苏格拉底听到精灵声音的话，就一定会理直气壮地反驳。苏格拉底为了审判当天早上离开家，进入法庭，并在法庭上发表了演讲。然而当判决死刑的结果公布时，苏格拉底没有听到任何反对的声音。

　　因此某种意义上，苏格拉底仓皇失措了。死刑肯定是负面消极的结果，为何还没听到那个声音呢？苏格拉底因为没有听到精灵的声音而对各位裁判员陈述：

　　"死并不是你们想得那么坏。"这是两句中的一句。"就像长眠一样吧。去哈迪斯（冥界）见到真正的法官，也可以跟俄耳甫斯、荷马聊天。"无论哪一句都非常经典。

　　苏格拉底关心的是，当自己决定要做什么时，或者觉得自己已经了解情况时，都会出现那个声音。那个声音明确地拒绝、无法接受，不过也无法反驳，这样的时候，寻找到新的语言进行反驳，是苏格拉底与神、与精灵的相处方式。

以这种相处方式生活的苏格拉底，喜欢语言，也有那个实力将其付诸行动。这正是希腊哲学的存在方式。至少，柏拉图在看到哲学家苏格拉底时，感受到了这种生存方式。

GREEK

PHILOSOPHY

PLATO

第三章
柏拉图的思想挑战

柏拉图是谁

十一

事实上，真正了解柏拉图的人也不多。首先柏拉图是公元前5世纪到公元前4世纪的古人。了解古人的途径本就有限。虽然如同前文所述，苏格拉底之前的哲学家都用诗来表述哲学，但其实这些哲学家所写的东西也不太容易理解。

柏拉图的"对话集"是一部哲学著作，这部作品没有采用诗歌，大部分以对话形式论述哲学。当然，其中最有名的作品是《苏格拉底的申辩》，这部作品与其说是对话，不如说是苏格拉底的"演讲"更为贴切。《苏格拉底的申辩》主要讲述苏格拉底在审判席上阐述自己的观点。

"对话集"内容除此之外还有什么呢？顾名思义，就好像戏剧脚本，主要是呈现包括主人公在内的出场人物之间的对话。按照常理，我们会认为苏格拉底既然是柏拉图的老师，那么柏拉图在书中多半会讲述苏格拉底与自己的对话。然而实际情况并非如此。

事实上除了最后一本，每一本对话集中都出现了苏格拉底。但是柏拉图并没有从受众的角度，描写苏格拉底与自己进行对话的内容。即使柏拉图自己本身作为不重要的角色，也一次都没有出现过。

柏拉图自己的名字在"对话集"中只出现过三次。两次出现在《苏格拉底的申辩》，一次出现在《斐多篇》。

第一次在《苏格拉底的申辩》中出现时，是苏格拉底在聚集的裁判员面前发表演讲的场景，柏拉图的名字出现在演讲内容中。"年轻时，关于曾与我对话，被认为被我带坏的人，我现在想举出他们的名字。因为今天，这里来了很多年轻时曾与我在一起的人。"苏格拉底列举了几个人的名字，其中提到了"阿里斯通之子格劳孔（Glaukon）和他的弟弟柏拉图"。

当然，这里提到名字的人都没有弹劾苏格拉底。柏拉图到最后都一直跟随苏格拉底，大家都知道他如此崇拜苏格拉底，不过也仅此而已。

另一处是，苏格拉底被判处有罪之后，按照当时雅典的规定，被判决者可以自己提出缴纳罚金。虽然从苏格拉底的身份来说，如果缴纳与自己身份相匹配的罚金，一定非常高昂，然而苏格拉底并不认为自己有必要付出那么多钱，所以提出了一个折中的金额 1 米纳，柏拉图主动提出代替苏格拉底支付。然后，"柏拉图出钱"，和他人一起"缴纳了 30 米纳"。

对于现代人来说，从 1 米纳变成 30 米纳，到底有多少钱其实并没有概念。根据典籍记载，1 米纳是 600g 白银的价格，按照现在的银价行情，1g 大约 70 日元，苏格拉底提出的金额是 4 万 2000 日元，柏拉图提出的金额是 126 万日元。这只是用今天的价格计算的，价值本身并没有意义。不过，柏拉图四人一起缴纳 30 米纳罚金成为保证人，30 米纳对于当时的人来说也是相当高额的罚金了。

苏格拉底死刑时未在场的柏拉图

柏拉图出场是在著作中最后的《斐多篇》。这部作品详细记录了苏格拉底死刑当天，从早上开始到日落，苏格拉底死之前的对话内容。

柏拉图在作品中选择的叙述者是一名叫斐多的男子。斐多出身于伯罗奔尼撒半岛西北部埃利斯城市的良好人家。根据《名哲言行录》第二卷第九章记录，埃利斯战败之后，斐多成为奴隶被卖到雅典做男妓。据说苏格拉底发现斐多的志向，然后"拜托阿尔西比亚德、克里托给他付赎金，让他恢复自由"。斐多之后回到埃利斯，创建了探求生存方式的埃利斯学派。

斐多当天一直陪在苏格拉底身旁，之后，他将当天的情形讲给毕达哥拉斯学派的伊奇（Echecrates）等人。而当大众听到斐多的讲述，已经是在苏格拉底死后许多年了。

伊奇首先问斐多，苏格拉底死时都有谁在场？都有哪些人？

斐多列举了雅典的人们以及从其他城市来的人们的名字。当提到柏拉图的时候，斐多解释柏拉图没来的理由是"我觉得他病了，身体虚弱"。

这段表述略微不合常理。斐多被人问到苏格拉底死时在场人的名字，列举了几位。不过没有全部列举雅典的人名，举了几名之后，总结道"还有很多人在场"。而后，突然提到没来的柏拉图。

"还有几位"当中看起来可以包含柏拉图，完全没有必要特地提到柏拉图没有来。但是斐多特意提到柏拉图，还说了柏拉图没来的理由，更加不自然地说"我觉得"，在这种情况下完全没必要提到不在场的人，因此显得实在有点多此一举。

但是这段内容是柏拉图本人所写的。柏拉图为何用这种方式留下自己的名字呢？自己如果病了，也没有必要让斐多以"我觉得"来描述，直接说病了可能更合理一点。然而这依然让我们有种违和感，并且这是全篇最后一处出现柏拉图的名字。

顺带一提，在《苏格拉底的申辩》中，苏格拉底亲口说过，柏拉图与柏拉图的另一名哥哥阿德曼托斯（Adeimantus）一起出席了法庭，而在这里，两人同时成为斐多口中虽然在场但没提名字的"数名"当中的人。或者柏拉图真的不在？即便柏拉图真的不在场，斐多也没有必要专门说柏拉图生病了或者去国外旅行等令人不快的借口，并且柏拉图也没有做任何解释，对斐多说的话也没有加以辩解。

这已经是 2500 年前的事情了。现在都没人能解释其中不合理之处。不过，柏拉图到底生病与否，真相还是谎言，柏拉图都没有明确解释，只是特地说明了自己的不在场。

当然，这段对话没必要出现柏拉图的名字。裁掉这段内容，《斐多篇》的内容也非常流畅，丝毫没有受到影响。那么柏拉图到底为什么让斐多用含糊不清的理由提到自己的不在场？我们只能推测，也许柏拉图在字里行间悄悄隐藏着，在重要的苏格拉底死刑的那一天，自己却没有在苏格拉底身旁陪伴的思念和遗憾。

与人谈话所必需的

十

除了柏拉图最早的作品《苏格拉底的申辩》，与大概是最后的作品《法律》之外，为什么柏拉图所有的作品都以苏格拉底为主人公，以对话的形式创作呢？作为当时的哲学家，以自己以外的人物为主人公，以他人为主写对话的例子，即便现在也很少见。

《苏格拉底的申辩》主要讲述苏格拉底以对城邦的神不敬，给年轻人带来坏影响的罪名被诉讼，接受审判。从一般意义来说，这不是对话。不过，请看苏格拉底那章的最后部分。那里已然触及了，苏格拉底认为在自己内心，通过与神的对话，探求神谕的真意。

到这里，柏拉图完成了自己的使命。与神交流交给苏格拉底，柏拉图自己只要面对人类即可，柏拉图自己只要能够与人类交流什么是真实即可。这就是柏拉图所写的"对话集"，只不过文中主导对话的人是苏格拉底。

与人对话时，以与同一群体的人交流作为原则。并不是从何而来到哪儿去都是一样的，这不是与神交流，而是与人交流，总之要和朋友交流，轻松地谈论。

与这样的朋友、同一群体的人交流时，最重要的是发现两人共同承认的"前提"，总之，符合这一点的才是真正的态度。

关于这个原则，《斐多篇》中详细地进行了描述。例如证明灵魂不死。这是苏格拉底死刑当天的故事。周围的人都焦虑不安，然而苏格拉底平静地想要证明灵魂不死。

这里的前提是"美自身"，即柏拉图哲学的核心概念，所谓"理念"。关于理念此后会讲述。这里的前提是我们设法接受灵魂不死这个理念，但苏格拉底周围的人都毫无怨言地接受。这里的灵魂不死，是在希腊人的信念基础上而进行证明的。

这个"证明"，有几个必须遵守的原则。用这个方法继续讨论的时候，就必须在不质疑前提、承认前提的基础上进行讨论。

当然也可以出现不认可的情况，那么在这种情况下，如果不认可前提，或者质疑的话，可以在进行完讨论之后，再把前提单独提炼出来，确立更高级的前提，成为无需证明的条件。但是这一切工作都需要事先达成共识，否则对于"前提"没有共识的话，恐怕就会变成乱糟糟一团的无效讨论。

不过，为了证明前提而提出更高阶的前提，进而为了证明更高阶的前提而再往上讨论更上一级的前提……陷入无限后退。我们现代人会认为这具有科学发展的意义，但希腊人并不赞同这种做法，在他们看来这必须有一个终点。

通过柏拉图的作品我们可以了解，柏拉图是赞成不断探究下去的。只有这样的对话才算哲学，柏拉图以在现场的人为交流对象，在得到在场这些人全体同意的前提下创作了"对话集"。

柏拉图向苏格拉底学习，苏格拉底与神交流时，认真地用理性，即使用逻各斯探讨、接纳神谕。柏拉图确信用苏格拉底的做法，用苏格拉底的方式，通过与拥有逻各斯的人谈话，我们人类一定可以找到什么是真善美。

柏拉图带着这个信念创作了"对话集"，对话的双方主体是年轻人以及引导年轻人的苏格拉底。双方达成前提的共识后，遵循前提推进讨论。

了解"无知的知"是什么

†

不过，借此机会开始的对话，谈的是什么呢？对于柏拉图、苏格拉底而言，哲学到底是什么？

很多篇对话都是以"我以为我明白了，但没想到……"这类的困惑（僵局）而结尾，与人们发现无知的知的途径一脉相承（根据写作"对话集"的时期，早期的篇目基本都是如此。然而这个结论对于苏格拉底而言，是一个普遍真理）。但是，如果"对话集"只为了说明这个结论，其实柏拉图没有必要写这么多，只要一句话"今天又和两个人对话（或者数个人）对话的结果是'了解无知之知'的困惑而终结"，告诉我们就可以了。

不过"了解无知之知"是什么？我相信一定不是以"今天的目标也是无知之知"这句话作为结论。

苏格拉底从事学术活动的最初目的，是接受神谕，然后了解神的本意。但是苏格拉底的"接纳"，并不是因为神很伟大。毕竟如同前文所述，古希腊的神谕一直让人们一头雾水。

苏格拉底为了说服自己接受"神谕"，与很多被称为贤能的人交谈，竭尽全力，不惜耗费精力。不谈其他知识，以哲学为目标，无知的知，连自己都说服不了那么就毫无意义。即便写在纸上背下来，呈现的只是语言。语言是需要认可与理解知的手段，并不是知本身。认可与理解知，需要体会，并不是知本身。

如此一来我们可以认为，"对话集"中的苏格拉底与人交流的对话，对苏格拉底自身而言，是通过语言这个工具对无知的知的再体验，对于对手，则是无知的知（估计是第一次）的体验。

据说苏格拉底死后柏拉图才开始写"对话集"。此时柏拉图已经无法再与苏格拉底对话了。但是通过创作"对话集"回溯体验，对自己以及其他年轻弟子，都是对无知之知的追加体验。

但这也不是柏拉图在"对话集"中不提自己的原因。不过，对于人们来说，或者说是对喜欢神话等的古代人来说，与其叙述同时代人的故事不如阐述古人的故事，同时代的人毕竟同样活着，而阐述古人的故事则会让人们感同身受，更加容易接受。

话说回来，柏拉图和苏格拉底的关系到底怎样？

绝大部分的对话，都是以苏格拉底为主人公写的，由此可见，对柏拉图而言，苏格拉底无疑是非常重要的存在。

不过，也有这样的说法。之前举例的拉尔修的《名哲言行录》第三卷柏拉图 35 中，出现过奇妙的故事。柏拉图在苏格拉底面前朗读自己所写的对话《吕西斯篇》时苏格拉底说："啊？这个年轻人怎么写了这么多关于我的谎言？"对此作出的解释是，因为"柏拉图把很多苏格拉底没有说过的话当作苏格拉底说的写下来了"。

柏拉图为什么要这么做？自己写的内容在本尊面前读出来，有错的地方一定会被马上指出来。

尽管如此，柏拉图仍在苏格拉底本尊面前朗读以他为主人公的对话集。我们可以想象苏格拉底和柏拉图一定会相视而笑。拉尔修的《名哲言行录》描述的就是两人微笑着聊天的故事。

这个故事直接将公认的柏拉图创作"对话集"的时间撇在一边，恰恰为了说明苏格拉底和柏拉图两人之间的友好关系。

《吕西斯篇》被称为早期对话集。一般学者认为柏拉图所写的对话集共计 36 篇，按照写作时期划分为初期、中期、后期。初期是指柏拉图 30 岁到 40 岁的青年时期。中期是指盛年，50 岁到 60 岁。后期是到了 70 岁老年之后。通常情况下，根据作者时期的不同，所写的内容、写作方法、讨论的推进方式都有不同。

《吕西斯篇》无疑是早期作品，经常出现早期对话集的特点。比如篇幅不长，由苏格拉底主导对话，最后以"困惑"终结。

两人立场的不同

十

关于柏拉图和苏格拉底两人的师徒关系，还有一点我们不得不提。柏拉图和苏格拉底两人家世不同。

当然，正如苏格拉底自己所说，他并不在意家世。苏格拉底生活的那个时期（公元前469—公元前399年）与柏拉图生活的时期（公元前427—公元前347年）有重合的部分，他们生活在雅典巨变时期（从公元前431年开始），伯罗奔尼撒战争就发生在这一时期。战争原因前面已经讲过，修昔底德在《伯罗奔尼撒战争史》一开始就提到，希腊在与波斯的战争中获胜，强大的雅典已经成为斯巴达人的威胁。

当时的雅典执政官伯里克利是伟大的政治家、军事指挥家。开战一年后，伯里克利意图借由被围城进行海上决战，而被围城的雅典发生了瘟疫最终导致伯里克利的失败。第二年即公元前429年，伯里克利也染病而去世。失去了伯里克利的雅典陷入苦战，最后失败。

公元前 404 年旷日持久的伯罗奔尼撒战争以雅典失败告终。在胜者斯巴达国王的提议下，雅典废除民主制建立三十人僭主制。三十僭主只存在了很短的时间，第二年的一月就被废除，再度恢复民主制。这一时期，雅典的政治制度反复变化。

苏格拉底和柏拉图两人就是在这段历史中生活的人。

几篇对话中出现过苏格拉底的父亲索佛洛尼斯科（苏格拉底自称索佛洛尼斯科之子）。《名哲言行录》中，索佛洛尼斯科被称为石刻雕塑家。母亲是费纳瑞特，在柏拉图写的《泰阿泰德篇》中，苏格拉底本人说母亲的职业助产士对他的"对话"有巨大的作用。

不管怎么说，苏格拉底、索佛洛尼斯科都是雅典市民、普通人，可以说是完全不被寄予厚望的草根市民。

柏拉图则不同。父亲阿里斯通，祖上可以追溯到多利安人袭击时战死的雅典王，被称作最后的雅典王科德鲁斯。母亲则是伯里提俄涅，是七贤之一梭罗的后人。柏拉图是贵族出身。

柏拉图在世时，雅典采取民主制，家世好、贵族后裔一般都不会有什么问题。今天的日本虽说是充分民主主义，但在某些情况下，比如在选举等时候也会考虑先祖，尤其是比较近的父祖。

伯罗奔尼撒战争的失败，使雅典处在非常异常的状态。接着，推翻民主制、推行实施僭主制的领袖人物是柏拉图的亲戚，说得更准确一点，就是母亲伯里提俄涅的表哥克里蒂亚斯。

此时雅典人面对垂死的民主制无论如何都要努力挽救，对克里蒂亚斯寄予厚望，而斯巴达人则对克里蒂亚斯施压。克里蒂亚斯尽自己所能，带着血液里对祖先的自负，召集众人，在雅典实行了三十人僭主制，结果一年不到就以失败而告终，而克里蒂亚斯也在失败时身亡。

实际上，柏拉图的作品中出现过两个克里蒂亚斯。《卡尔弥德篇》《蒂迈欧篇》中出现了一个较年长的克里蒂亚斯，这个克里蒂亚斯的孙子就是前文提到的建立三十人僭主制的克里蒂亚斯。这位年长的克里蒂亚斯在《卡尔弥德篇》《厄里克夏斯篇》《普罗泰戈拉篇》中都出现了。

那么我们就可以知道，孙子克里蒂亚斯和柏拉图两人应该都是苏格拉底的学生。克里蒂亚斯和柏拉图两个人各自都是如何对待苏格拉底的？这个问题很有趣，但目前为止我们还没有结论。克里蒂亚斯和柏拉图都可以进出苏格拉底的居处，并且两人还有亲戚关系。我推测，当时克里蒂亚斯要推行三十人僭主制时，应该是征求过柏拉图意见的。

苏格拉底原则上是服从国家命令的[比如参战，在《会饮篇》中都叙述了波底迪亚（Battle of Potidaea）、德里欧战争中苏格拉底出色地完成了任务]，《苏格拉底的申辩》中也说了自己不为城邦积极地提出建议，是因为听到了精灵阻止的声音。

话虽如此，这一切其实完全可以开诚布公地告诉柏拉图。苏格拉底虽然流芳百世，但当时也不过是一介平民。面临国家存亡危机之时，如果是自己挺身而出自当别论，但苏格拉底在当时则与柏拉图不同，不会受到来自亲友的强烈邀请。

如同《苏格拉底的申辩》中所写，苏格拉底只能独自在内心倾听精灵的声音，看精灵是建议还是阻止，再决定自己的进退。

苏格拉底和柏拉图两人之间存在这样的立场差别，柏拉图也许非常向往苏格拉底，不必被亲友强求表态，因此柏拉图以苏格拉底为主人公陆续创作了对话集。

可能柏拉图也预感到雅典的政治即将走向末路。在雅典生活时期，柏拉图至死都没有参与政治活动。但柏拉图并不是不关心政治，柏拉图去了意大利西西里岛（现在的西西里岛）的叙拉古王朝，在那里对君主进行教育，希望能实现自己理想中的"哲人王政治"。

未曾踏足别国的苏格拉底

曾有传说苏格拉底去过伯罗奔尼撒半岛的科林斯地峡(Isthmos Korinthou)。但苏格拉底说过，"我是眼睛、腿脚、身体也不好的人"，因此不曾远游。苏格拉底如此喜欢雅典是因为喜欢雅典的法律制度，对于其他的国家以及当地的法律制度并不关心。

实际上《克里托篇》中有一段关于苏格拉底的记载，在苏格拉底被判死刑到执行期间，苏格拉底的老朋友克里托到最后都不能理解认同苏格拉底，不过，他们依然维持友谊。克里托听闻苏格拉底即将被执行死刑，赶紧前去劝说苏格拉底越狱。

克里托甚至提到，他让苏格拉底的儿子来劝说苏格拉底，不过最后克里托感慨，他没有能够成功劝说苏格拉底，苏格拉底沉默着接受死刑，克里托认为自己名誉受损。关于这段故事，有几段苏格拉底自己与自己的对话，对话过程中苏格拉底分别扮演了企图越狱的自己和阻止自己越狱的国家以及法律、习惯。

　　阻止自己越狱的法律角色表示，父亲养育、教育自己，让自己取得今天的成就，如同忤逆父亲是大逆不道的，违反原本就是父亲一样的国家、法律更是不用讨论的。开始说了这个论断之后，他说了如下一段话：

　　"实际上，到今天为止很长时间里，苏格拉底都有自由可以移居到喜欢的外国，也有改变认为是恶法的权利。不过苏格拉底什么都没有做，即将被执行死刑之际却违背了自己，真是意料之外。"

　　这是对苏格拉底如此喜欢雅典人民的最好证明，当然，传说中苏格拉底只去过一次科林斯地峡也是事实。

柏拉图的锡拉库萨之行

　　柏拉图则不同。苏格拉底死后大约十年，柏拉图做了苏格拉底生前没有做过的事。应雅典邀请远赴他国，不是为了战争。这就是第一次去叙拉古，之后还有两次。

　　第一次是柏拉图 39 岁时，被称作第一次西西里岛之行。西西里就是今天同名的西西里岛，不仅如此，柏拉图还去了很多意大利城市，更远的则到了埃及。意大利是毕达哥拉斯学派，也是埃利亚学派的发源地，柏拉图与这些学派的众多学者进行了交谈。

　　在这次旅行中值得引人注意的是，柏拉图在意大利东南部的一个城市，与叙拉古王朝的 20 岁青年迪翁（公元前 408—公元前 354 年）相识。

　　迪翁是当时叙拉古国王狄奥尼修斯一世的妻弟，国王的忠臣，为人贤良，家世也好，富有财力，颇具声望。当时柏拉图 39 岁，迪翁 20 岁。有一种说法，是从年龄上来讲两人是忘年交，但并不准确。

旅行回来之后，柏拉图时年40岁左右，在被称作英雄的阿卡德摩斯森林，创建了自己的学园。以教师和学生对话的方式教授天文学、数学、生物学、政治学和哲学等内容。

这座学园以地名命名，取名阿卡德米，实际上到今天形成了学院一词，扩展成为与学问、研究相关的名字。电影界有学院奖，"学院"一词就是来源于柏拉图的学园。公元前367年，17岁的亚里士多德也成为学园的一员。亚里士多德一直在学园待到柏拉图去世。

第二次叙拉古之行，是在柏拉图60岁左右的时候。应叙拉古的迪翁等人的邀请，迪翁希望柏拉图能够辅佐狄奥尼修斯一世死后即位的二世，并且为了实现柏拉图、苏格拉底向往的理想国家的"哲人王的政治"，柏拉图第二次去了叙拉古。

柏拉图以"哲人王的政治"为理想，在对话集《国家》中对"哲人王的政治"进行了解释。就是苏格拉底所说的"除非哲学家成为国王实现统治"，"或者国王、权力者等人必须成为哲学家"，"否则无论国家、还是人，都不会幸福"。据说柏拉图创作这部对话篇是在第一次叙拉古之行之后（公元前375年）。

为了实现这个理想的政治体制，从前面的定义来看，前者即

"除非哲学家成为国王实现统治"相当不合理，那么可实现的就是后者。如此一来，迪翁等人的邀请，成了柏拉图求之不得的机会。而且又有贤能且好名声的迪翁当作后盾，柏拉图希望借此将国王变成哲学家。然而在受到各种各样的诽谤中伤之后，迪翁被流放，尝试以失败告终。

第三次叙拉古之行是在柏拉图66岁左右。应狄奥尼修斯二世亲自真诚邀请，柏拉图才敢前往。

然而柏拉图再次被卷入政治斗争中，接着被软禁，毕达哥拉斯学派的学者阿契塔（Archytas）上书请求"释放柏拉图"，恳求狄奥尼修斯二世，才让柏拉图平安地回到了雅典。

哲人王的试验最后在柏拉图74岁时，以迪翁54岁被暗杀结束，此后再没有尝试。

理想国家的完美统治者是怎样的?

十

哲学家与国王,或者说哲学家与当权者,能够合二为一吗?

苏格拉底、柏拉图提出只有"哲人王的政治"才能带来人类的幸福究竟是何含义?关于这个问题,我们可以参考讨论国家的十卷长篇对话集《国家》。

如前文所述,对柏拉图而言,国家或者政治非常重要。柏拉图和苏格拉底一样,考虑的是基于所有的个人、神、世界、国家,基于逻各斯成立的一切。这么一来,对柏拉图来说,正是因为事关重要的国家,柏拉图主张必须建立在逻各斯基础之上。因此柏拉图写作了《国家》,在该篇章中,柏拉图倾注心血慷慨激昂地写了很多内容。

这部对话集的结构非常复杂。当然,柏拉图如果希望创作《国家》,那么必须从谈话对手达成共识开始,这是文章的主脉络。那么两者达成的共识是指什么?

　　前提自然是为了讨论美好的国家。在有共识的前提下，打算参与对话或者准备进行辩论的人们都能继续交流。对话交流时在场的有苏格拉底、柏拉图，以及各种形式的弟子数人。

　　这部对话集共计十卷，第一卷和早期对话集形式相近。主题"正义是什么"，一开始引用诗人西蒙尼得斯（Simonides）的诗进入主题，接着突然引用色拉叙马霍斯（Thrasymachos）的观点。

　　色拉叙马霍斯是辩论家，也是当时很有名的智者之一。他不是苏格拉底的弟子，也没有能够和苏格拉底达成理所应当的共识前提。在这种情况下，这场对话就成了单方面对智者色拉叙马霍斯的学说介绍。苏格拉底与色拉叙马霍斯两人围绕这个主题进行了辩论。这一点和初期对话集的文风是一样的。

　　色拉叙马霍斯和智者一样，并不是雅典生人，而是出生于黑海入海口城市卡尔西顿（Chalcedon）。色拉叙马霍斯主张"正义"是对强者有益，"不正义"则对个人有益。

　　与苏格拉底对谈过程中，色拉叙马霍斯承认强者说的是王国的统治者。这个国家的体制，无论是独裁制还是民主制，都不是关键，关键是对拥有统治权的人有益，国人也在这样的统治者支配下才能获得利益。

　　如此一来，苏格拉底在这场辩论中大出风头，无人可敌。只因为色拉叙马霍斯提出统治者决定只为自己获利之际就错了。

之所以色拉叙马霍斯会认可这个结论，想来一定经历太多，看得太多。如此这般已经没有辩论的意义。如果统治者做出的决定是错误的，那么即便国民们按照统治者的决定付诸行动，到最后也不会给统治者带来利益。毕竟这是因为错误的决定。按照这个逻辑，如果不遵守统治者的决定，对统治者的命令置之不理，那么就一定不会做错事。简单说，生活在统治者错误决定下的人们，跟随统治者却不能使统治者受益，这是不正确的吗？或者国民应该起来主动反对统治者，然后做出一些错误举动？

色拉叙马霍斯很惶恐地改口说，自己所说的统治者是完美的统治者，不会做出错误的决定。这样一来，这场辩论中苏格拉底胜券在握。苏格拉底以"完美的"医生等有专业技术的人为例，他们不以赚钱为目的，不仅仅对自己行医，当然"不完美的"医生为了自己赚钱而使用医术，但即使是"不完美的"医生，他们的目标都是通过治愈疾病，让病人恢复健康，通过如此行善积德，让对方获益。那么如果换作统治者，若是正确的"完美"的统治者，更应以国人的利益为目标，只有达成这样的共识才能继续进行讨论。

总之，所谓正义并不是统治者自己受益，而是决定与自己相关的人们（被统治者）受益并实施。

苏格拉底的问答法

色拉叙马霍斯

正义是强者的利益。强者是谁？是国家的统治者。

苏格拉底

的确如此，暴君、愚蠢的皇帝也是国家的统治者，他们自身就是错的，无法为自己获得利益。

色拉叙马霍斯

我说的是完美的统治者。

苏格拉底

完美统治者的目标应该是人民的利益吧。这么一来，强者的利益就无法成为"正义"了。

色拉叙马霍斯

（哑口无言）……

　　苏格拉底用自己最擅长的论辩方法，将色拉叙马霍斯的观点直接转了 180 度。对话的最后阶段，苏格拉底总结，某一集团比如国家、军队、盗窃集团，这些集团中的人如果在一起做不正义的事，那么这个集团无论做任何事情都不会成功。"正义"在希腊语里，原本是守护分给自己的东西，也有守住自己那部分的意思，当然这是人类的本能。不正义的人无论是对敌人还是对同伴，一定会把更多的利益留给自己。虽然对敌人来说，本来就不可能会留给敌人，但是连对自己的同伴也这么做，只会导致关系破裂，失去一致性。

　　在这段内容中苏格拉底总结认为，不正义就是相互之间制造不和谐、憎恨与纷争。

　　苏格拉底最后指出，一个集团中这样的人不用很多，只要有一个人的内心出现了不正义，就会同样发生作用，产生与自己的不和谐、憎恨，而使得自己原本的目标无法实现，进而妨碍到与其他正义之人的关系，因此正义比不正义更能获利。

所谓正义是什么?

＋

对话结束之后，苏格拉底立即加以补充。苏格拉底陈述道，虽然自己说了"正义是什么"，论证了"正义比非正义更能获利"，但还是不知道正义是什么。仅此一点"自己知道自己什么都不知道"，"什么是正义"这个问题很好地阐释了苏格拉底引以为豪的无知之知。

这是早期对话集的典型。然而我们知道，《国家》是柏拉图中期创作的对话集，后面还有九卷内容。早期对话集中并没有出现对于"正义是什么""要如何简要地定义正义"这样的提问。

不过，还发生了更不可思议的事情。色拉叙马霍斯在这场辩论中失败了，在第二卷的开始，他被描述成"消失了"。也许一般读者看到这里会猜测色拉叙马霍斯败走他乡，实际情况并非如此。色拉叙马霍斯一直留在那里。日语里"消失了"一词，应该翻译成"引退"，因为自己辩论难以进行从而从辩论中引退的意思。不过，之后，色拉叙马霍斯也几次短暂地参与过辩论。

这场辩论之后，苏格拉底的主要谈话对象就变成了柏拉图兄弟二人。

柏拉图兄弟二人同为苏格拉底的徒弟，所以他们已经有共识。柏拉图作为一个作家，能做到的只不过是在自己的作品写到色拉叙马霍斯隐退，将与苏格拉底有共识的、支持苏格拉底观点的人们的谈话记录下来。当然柏拉图在写到兄弟二人的对话时，一定预先设定两人最终会赞成苏格拉底，同时最后也会得到苏格拉底的理解。

不过，苏格拉底在初期对话集中揭示了无知之知，尚未进行过这种对于他人理解的尝试。如果是这样，那么我们可以认为，此后苏格拉底所说的大体代表了柏拉图的观点，从柏拉图的角度来看，更准确地说，是柏拉图在思考了与苏格拉底的对话之后，深入思考并总结出的柏拉图自身的观点。

正是由于苏格拉底的对话让柏拉图深入思考并总结出了属于自己的观点，因此柏拉图在书中才会常常提到苏格拉底。我大胆地在此做出尝试，在接下来的对话集中，将对话交流的对象都看作苏格拉底。所以接下来根据情况，我会用苏格拉底—柏拉图这个称呼。

　　他（这里的"他"指的是苏格拉底—柏拉图）在这里，想要通过讨论正义国家是什么，并想要提议讨论非正义与正义是什么。

　　事实上，人们不能立刻分辨出正义、不正义之人。因此并不是想要考察个人的小正义，而是要考察更容易分辨的国家大正义。

　　一切的前提都是为了国家变得更好，谈话交流对象当然会赞成。

国家的诞生

十

苏格拉底认为，建立国家的第一理念是"一人一事，各从其事"。这是我们无法理解的理念，我们都知道很多学者非常多才多艺，比如拉昂纳多·达·芬奇等。同样，我们也会支持想要多方面发展的人。

也许是时代使然。在现代社会，一个人可以自己独立做饭。想洗衣服只要按下洗衣机的时间按钮，再放入洗涤剂、柔软剂，很快就洗好了。方便的工具、发达的设备，使得我们能够同时做很多事情。然而公元前5世纪的雅典，即便在当时已经是相当发达的国家，也没有这样的工具，"熟练"工作很重要。人们不可能这样同时熟练地胜任三份、四份工作。一个人只能集中精神做重要的一件事，因此就成了"一人一事"。

从这里衍生出来的问题还有"擅长不擅长"。一个人只做一份工作必须要努力，但人有"与生俱来的天赋"。

古希腊时代，如果天赋不够，也没有时间让你拼命努力直到你成功为止。现在的话，与努力、有天赋的人相比，为有兴趣而做的人更容易成功。这是因为与近千年前的生活相比，现代人更有额外的精力了。

苏格拉底—柏拉图想要创建的国家，对国民生存来说是非常必要的，换言之，因为是有必要的，所以有存在的正义性。

借助与生俱来的天赋，专注于一项工作的人，一个人只能胜任一份工作，其实就连普通的日常生活也不是那么容易的。能做面包，但是不会种菜；能做饭，却无法做衣服。不这样就无法生存，所以我们必须有能够从事各种生产活动的人群及团体。

制作衣服的人如果不和种植稻米的农家联合，就吃不上饭；种植稻米的农家如果不和制作衣服的人联合，冬天就没有衣服穿。出于这种担忧，人们需要创建一个团体。

得到对方的认同后，苏格拉底进一步推进论辩。只有饭、只有衣服的生活，是无法满足人的需求的。人对美食和衣服的要求会逐步提升。当然还有美酒。这么一来就必须增加做衣服的人以及农耕者的人数。

人数增长之后，国家很自然地就需要扩大国土面积。不巧，邻国正好也有这个打算。为了争夺领土而发生战争时，"军队"就有存在的必要了。当然，至少还要有足够的领土让军队生存。

军队是由年轻人组成的、充满活力的团体。这么一来，贤良之人需要判断进行战争是否真的对本国有利、对敌人有害。如果没有贤良之人能够作出智慧的判断，也没有对此战争目的有正确认知，那么就算发动战争也没有任何意义。

这样就需要认同守护国家，并能够做出正确判断的"守护者"。守护者的助手就是充满活力的国家军队。

概括可知，国家这样的大团体，由三个群体组成——关注物品和金钱的人们、守护者的助手、守护者。换句话说就是制作物品（从吃的东西到住、穿，即衣食住行等所有的一切）的人们与守护他们的人们，以及能够指挥在什么时间做什么事情的人们，这三种人。

哲人王的理想国家

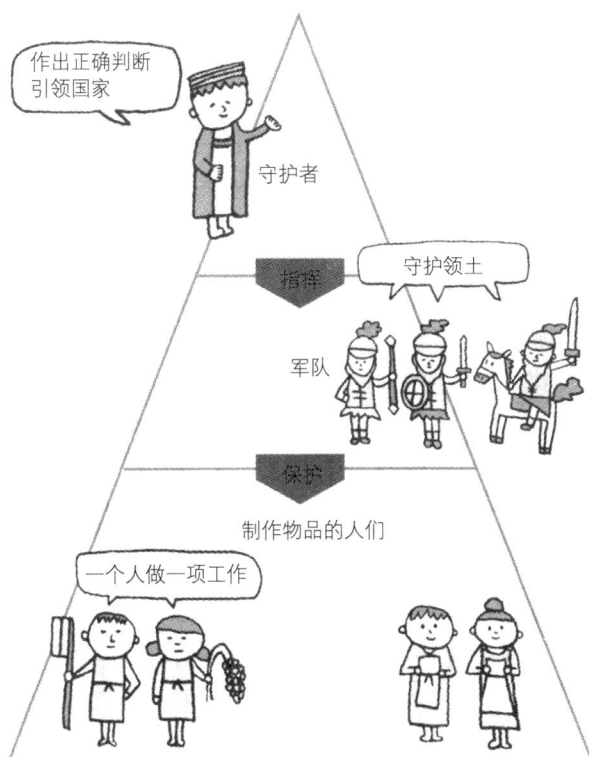

每一个人拥有的道德

十

问题分析到这个地步，我们就很容易看明白一个国家的道德是什么。

苏格拉底举例说明了道德的四个内容。智慧、勇气、节制和正义。加入虔敬的话形成五德，在这里我们先讲四德。

智慧当然是守护者。为此要不断展开持续教育，以期能够出现守护者。勇气当然是守护者的助手们。

节制与正义和之前说的不太一样，不是某一种族群所具有的。

苏格拉底说节制是"战胜自己"，是让自己卑劣的部分遵从优秀的部分。国家的话，就是遵从少数有智慧的守护者。这么一来，从人数上来讲，国家的多数人遵从少数人，从国家这样一个团体来讲，与事物相关的多数人，只有遵从用智慧决定事物的少数人，追随优秀，才能战胜卑劣的自己，实现节制。

四德

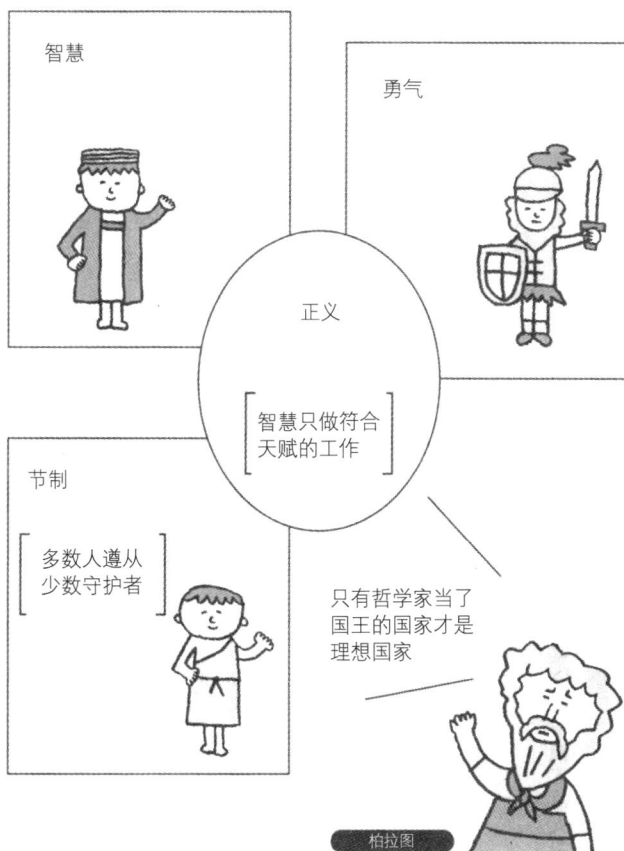

智慧

勇气

正义

[智慧只做符合天赋的工作]

节制

[多数人遵从少数守护者]

只有哲学家当了国王的国家才是理想国家

柏拉图

　　正义也是全体族群的事情。属于各个族群的个人，如同一开始所说，做着适合自己天赋的工作，将这样的人概括成一个族群，没有天赋却想要做其他族群工作的人，或者说做着不适合自己族群天赋工作的人就成了正义的反面。理应是按照出生时被赋予的天赋，归属于各族群，各司其职，忽略天赋、无视自己的本职，是绝对要反对的事，也就成了"不正义"。这是为了保证这样的国家成功，最重要的，是确保团体中存在能做出正确判断的守护者。

　　守护者恰恰就是苏格拉底—柏拉图所说的"哲学家"，当然，也要具备这样的天赋，并且我们不能简单地认为守护者＝哲学家。因此要花费很多篇幅，甚至说以此作为本书的主题，认真地讲述如何培养哲学家，简而言之阐述培养哲学家的教育。

　　哲学家的出现令人欣慰，因为哲学家的统治而出现具备四德的伟大国家，如此这般，自然就会出现正义国家。

有道德的人，正确的个人

那么，正确的人是怎样的？

已经谈过非正义的国家、团体。同属一个团队的人互相争夺、彼此勾结，最后只能导致团体破裂。接着这个话题进行讨论，我们现在还未解释什么是不正义的个人。一个人内心中有一个反对自己的自己，是什么呢？

对于人类而言，身心总有相背离的时候。比如，偷盗。现代文明中对于这个情况的解释为，以"知道是坏事，但是看到想要的东西还是不自觉地伸手"为借口，说明这个人的心（灵魂）与手（身体）相争，"个人"已崩坏。

不过，对于古希腊人来说，或者说，对柏拉图－苏格拉底这样的哲学家来说，身体是可以弃之如敝屣的身外之物。因为柏拉图－苏格拉底不做与灵魂相争的主动行为。在《苏格拉底的申辩》中，克里托（此前那位克里托）担心苏格拉底的葬礼，而苏格拉底感叹道："尸体已经不是我了。"

不过，这么看来，"我"并不是身体和灵魂组成的集合。我这样的个人是由"多个物体形成的团体"，因此和国家一样，"我"必须不做不正义的事，或者说，如果要解释这个问题，我们必须要用认可，"我"和国家一样，都是集团，因此"我"和国家都有可能会做出错误的事情。如果不理解这一点，将个人与国家进行对比论证是不合理的。

苏格拉底在这里，以个人的灵魂为题进行讨论。个人的灵魂也和国家一样有三种族，所以我们要理解在这种情形下存在冲突是正常的。这样才能继续讨论下去。

这么一来，我们每一个人当中，和国家一样必须有三种性格。

苏格拉底与柏拉图的哥哥阿德曼托斯和格劳孔讨论过，"国家是由我们每个人集合起来形成的，因此我们身上没有的东西，也不会出现在国家这个集体中"。格劳孔很痛快地认同了苏格拉底的说法，谈话就顺利地进行了下去。

灵魂的行动是一体的，但分为三部分

得到谈话对方的认同，苏格拉底继续讲下去。灵魂的作用只有一个，探求"爱"（philein）同时也是自己所没有的善。这意味着灵魂是相同的。这么说来，相同的灵魂"时不时会想要肉体、物品、金钱、名誉、知识，各种各样的东西"，这样"灵魂分为喜欢肉体、物品、金钱东西的欲望（philein）部分、喜欢名誉和喜欢知识三部分"，那我们就有必要思考是属于哪个部分的灵魂。

关于这个问题的解释需要花相当长的时间。但归根结底就是一个问题，你自己能不能在想要喝饮料（比如酒）的时候成功地阻止自己。

重视物欲的自己，本性就是喜欢"物"，从自己的身上剔除物欲是不可能的。想要"喝酒"，喝就对了。为了阻止自己饮酒，克制饮酒，或者说命令自己不饮酒，这就是自己身上的另一种特质在发挥作用。

当你想要阻止自己饮酒，说明在自己的内心，存在着一个从医学角度认为过度饮酒有害身体的自己。

这里，刚才说的"与生俱来的特质"意思清晰了。与生俱来说的绝不是工艺、机器织布这样的技能，这里被称作"物欲"的性质，是人与生俱来的"你喜欢什么"的"喜欢"性质。

这么说来，你的灵魂当中，就和刚才说的国家当中同样有三个种族。每一部分都和自己的喜好对应。

"国家"当中，有爱（philein）金钱、利益的部分，爱（philein）胜利、名誉的部分，爱（philein）关于学问、知识、不变的东西的知性部分，如果当中哪部分赢了，那个人就被叫作爱金钱、利益的人，爱名誉、胜利的人，爱学问、智慧的人。

接下来就是我们要讨论的问题了。苏格拉底继续讨论关于个人的灵魂的问题，就像刚才说的，当某部分的喜好得以实现，人才能获得真正的快乐。

这么说来，每一部分的喜好都得以实现，同时也意味着追求快乐，专注于某一部分忘却其他，那么如此一来在三种乐趣之中就出现了优劣先后排序。

结果，虽然知道有三种快乐，但是热爱知识的人认为爱知识的快乐才是真正的快乐。仅就这种快乐将这三者分出优劣之际，就能产生正确的判断，这是热爱知识所才产生的快乐带来的。其次是名誉，最后是金钱。

正确的生活方式是什么样的？

┿

　　这么一来，如果想成为一个追求节制与正义的人，对于自己与生俱来的特质里存在的享受灵魂"欲望"的部分，哪怕享受欲望的同时，遵从灵魂当中热爱知识的部分，守住自己的"本分"，在"本分"范围内追求享受，这才是正确的生活方式。

　　与国家的情况不同的是，这讲述的是个人灵魂内部的问题。自己必须遵从自己爱知识的部分，坚守自己的本分。实际上一个人的灵魂若是能够做到这个地步，那么他一开始就能够做到遵从热爱知识的部分，守住自己的本分，优先考虑热爱知识的快乐。这就是哲学家。虽说如此，不得不说，有太多的人被另外两种快乐中的一种吸引而心动。

　　这样的人们原本与生俱来的爱好，并非都是对于知识的热爱，一般都是对其余两种的喜好，想要实现某种喜好达到享乐的目的也是自然的。作为人的格局，也就落到二等、三等了。

说到这里自然得出结论，正好得出四德。国家、个人都是如此。

举一下得出结论的根据，就是著名的"善的理念"。

善的理念不仅是这部对话集，也是所有对话集的讨论核心，不仅是对话，也是思考，经常需要对照自身，让我们做出反省。只有善的理念，才是苏格拉底—柏拉图最终所达到的"善＝逻各斯＝理性"的东西。能够理解这一点的才是哲学家。关于理念，其他对话集会再次提及，《国家篇》仅仅讲解了这部分内容。

刚说过，柏拉图已经深刻地意识到这一个问题，努力地传播哲人王的故事，并细致地提及教育的方法。实际上柏拉图也很努力地想去培养哲学王（哲学家性质的国王），然而他也明白将哲学家培养成国王非常不现实，将国王变成哲学家的尝试要容易一些。大概也因为这个原因，柏拉图在叙拉古的尝试没有取得成功。

民主主义等从一开始也是采取大多数人参与政治的形式，这些人都处于社会底层，主张用理性压制他们快乐的哲学家，不可能被他们选为统治者。因此柏拉图选择的并非民主制而是君主制，即将已经做了国王的人培养成哲学家。

如果统治者是哲学家就万事大吉了。但这是不可能的。首先这个人必须从政，才能顺利地推行哲人王的政策。柏拉图大约就

灵魂三分说

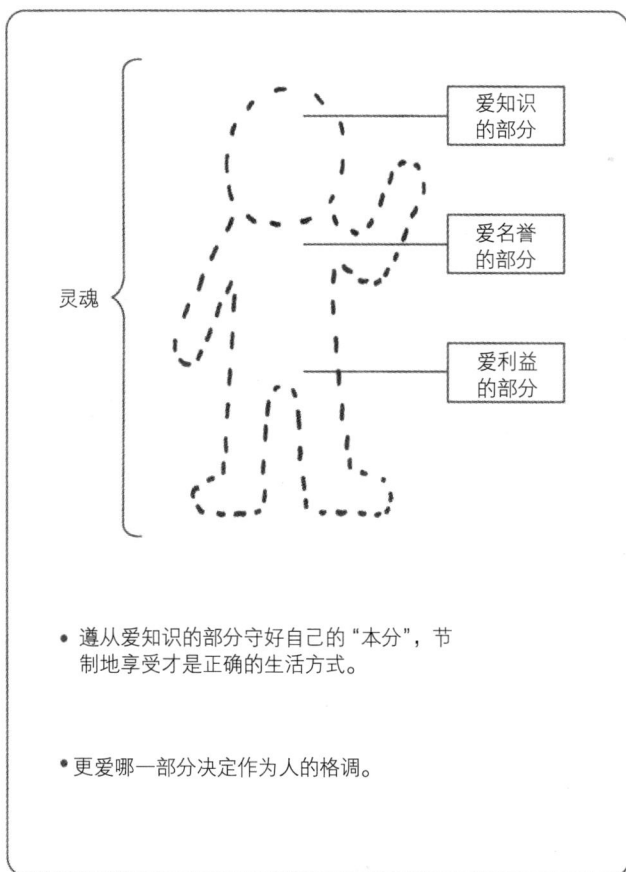

灵魂

爱知识
的部分

爱名誉
的部分

爱利益
的部分

- 遵从爱知识的部分守好自己的 "本分"，节
  制地享受才是正确的生活方式。

- 更爱哪一部分决定作为人的格调。

是抱着这个信念，才去了叙拉古吧。

　　然而这种想法太天真了。国王的周围也许有很多能力稍差的人，牵扯甚多而且环境复杂。如果这些人是热爱知识的人也就罢了，但要能成为能够辅佐国王的人，"热爱知识的人"从最初的要求来看，人数就不可能很多。

　　狄奥尼修斯二世的周围，虽然有迪翁，也有迪翁的朋友，但也有与他们敌对的人。而且从人数上来说，就像苏格拉底所说，与热爱知识的人相比，不热爱的人是压倒性的大多数。

　　相形之下，自己的国王成为爱知识的人就太棘手了。因为自己对知识的热爱也没有那么强烈。只是非常少的一部分人期望国王成为哲学家。迪翁的流放、柏拉图的幽禁都是自然而然的结果。

　　因此，想培养哲人王的前提是，需要将很多人培养成哲学家。那时，大多数的人会为了和自己同样将求知快乐列为无上地位的国王做任何事情。

　　悲剧的是，从那个时代之后几千年直到今天，以哲学家为王的国家一次都没有出现过。有的统治者明明接受了成为哲人王的教育，甚至因为接受了教育而沉浸其中，为了自己的喜好而探究知识。

学习对话术

┼

不管国家统治者是否接受优质教育，在哲学家教育当中，最重要的是对辩证法（dialektike）技能的学习。

前文已经提过，可以翻译成辩论术、对话术、谈论术等，苏格拉底用了一生的时间，与各种各样的人相遇并进行谈话交流。《苏格拉底的申辩》中所记述的，有与自己的对话，有与神（神谕）、精灵的对话。柏拉图成为苏格拉底的信徒，因此柏拉图所提倡的哲学家教育中，自然有辩证法的技巧。

就具体而言该如何解释，并在此基础上接着往下探讨而出现的问题，是《斐多篇》中苏格拉底证明"灵魂不死"。苏格拉底证明"灵魂不死"这一观点，就如同说到柏拉图哲学，人们马上想到的是"理念"一样，有着重要的哲学地位。

人们一般认为，哲学家是探求不变真理的人，在柏拉图的"对话集"中，是热爱"知"（这个词与简单的想法不同，是无论何时、无论何地，无论对谁，都可以说是正确无误的真理）并探究的人。柏拉图认为苏格拉底才是哲学家，哲学家应当学习的是辩证法的技巧。不过，理念是什么？论辩的技巧和理念之间是什么关系？苏格拉底并没有做出解释，所以理念是什么就变成一个关键问题。

的确，我们通过日常生活都能理解关于"交谈"的重要性。话说不到一起，两个人各说各的，之后可能会大吵一架。

当然，对于哲学家所要求的辩证术，并不是马上就能看到效果的日常性活动。因此，大师们在说到这个被翻译成"交谈""对话"的词时，会在前面加上"哲学的"等原文中没有的形容词。

实际上，柏拉图的问题是，关于哲学的对话的技巧，是有对应的做法的。并不是一个劲儿地自顾自地阐述就可以的。刚才说的《斐多篇》中对此仔细地进行了解释。

在介绍哲学的对话术之前，想先谈一下苏格拉底的回忆录。为了了解物体的存在方式、应有姿态等，苏格拉底从各类哲学家听到各种说法，但并没有人讲过物体应当存在姿态的原因、根据。因此，苏格拉底讲述了自己所思考并探讨出来的方法，或者说哲学性的对话技巧。

具体就是"首先确立前提"。前提这个词在希腊语中是

hypothesis，也被翻译成确立基础，总之是在思考辩论时，必须先提出得到同意的内容即论点，之后讨论、思考都是以此为基础。

确立前提的做法，现在的研究者也在用。现在，前提（论点）是经由长年的经验、观察而得出来的。然而古希腊时代并没有这些，一般思考的做法是将前人的思考内容以及众人的意见结合起来提出一个论点。比如古希腊时代取得成功，并一直延续到现代还存在的，被叫作"学问"的平面几何学。

根据苏格拉底所说，想要进行哲学的对话的人，总是把自己认为最有力的言论作为前提，与之相符的为真、不符的为假，这不仅是寻求原因根据，对于其他所有问题也是一个非常恰当的解决方法。

从前提到结论

　　首先提出来的一定是自己非常有把握的论点。毕竟在当时，没有那么多强有力的依据。

　　推进对话深入，自己的论点必须得到谈话对象的赞同。如果得到对方的认可赞同，接下来根据论点，选取恰当的内容作为论据，如果对方表示不赞同不认可，那么接下来双方一起思考对话的内容。

　　也有的对话交流对象，在对话过程中提出对已经确立的论点真伪的质疑，这种情况就要请对方稍稍抱有耐心，在接下来的对话中对论据进行补充。如果对方持续保持质疑的态度，不断打断对话，谈话就会变得混乱，也得不出结论。

　　然而，好不容易对话结束，用论据进行充分论证，对话得出的结论也仅仅是这次谈话的结论，因为对话中双方承认论点，对方也表示认可，这是有限范围内的个体的例子，并不是哲学上那种会得到承认，适用于所有人所有时刻，并且所有人都认可的普遍真理。

其实也是可以理解的，从论点（前提）进行讨论得到答案，这是在场的人们必须有某种共识才能进行的，从某种意义上来说，不同的条件下遇到的情况都不一样，这是比较公平的做法。然而此时所使用的方法也是从上一层论点（刚才说的是自认为最强的前提）找到共识的方法，其实方法都是一样的。成为上位的前提（论点）当中挑一个最能让人接受的观点（和刚才说的最强一个意思）为前提，继续讨论。

如果这阶段的对话结束了，那么在对话中得以论证的观点必须附以条件，必须确立更高阶的观点。这个观点又要再确立更高阶的观点……这么一来，我们就不得不担心这样的对话会不停地推论下去没有终结。

这个对话、这个场景，如果现在结束了，那么我们肯定会担忧在别的场景、以其他人为对象时，能不能获得同样的共识。因此，这样的做法是没有办法得出一个普遍真理的。

我们现代社会，无论在什么时候论证都无法确保条件充分，因此以某种论点为目标进行研究的科学，是以这个前提为更高阶的前提而重新思考的，可以说，能够得到无限发展的可能性，对于现代的我们来说是非常自豪的，这就是当时古希腊时代发生的

建立前提辨别真伪＝证明方式

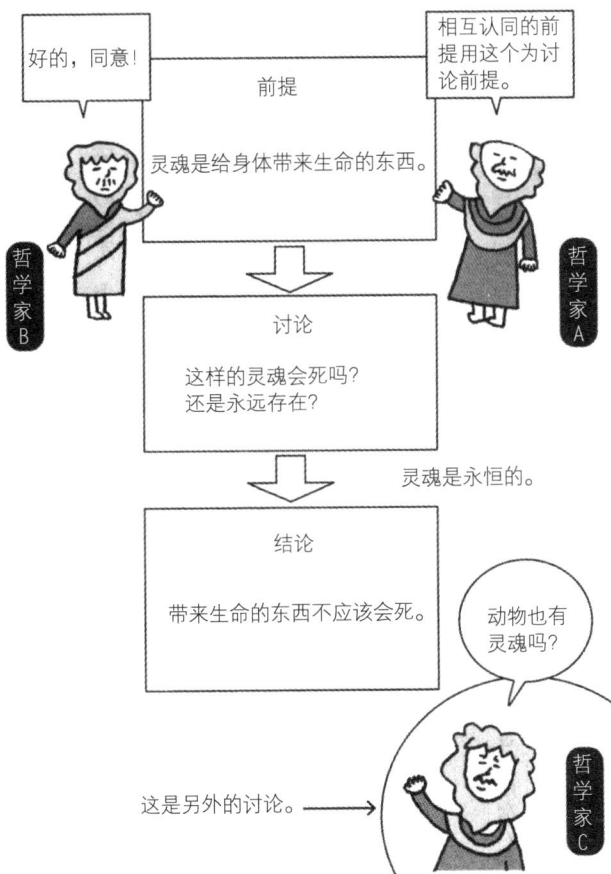

好的，同意！

相互认同的前提用这个为讨论前提。

前提

灵魂是给身体带来生命的东西。

哲学家B

哲学家A

讨论

这样的灵魂会死吗？
还是永远存在？

灵魂是永恒的。

结论

带来生命的东西不应该会死。

动物也有灵魂吗？

哲学家C

这是另外的讨论。→

事。就像前面说的那样，"无法停止地无限"应该是研究讨论的准则。

在对话集中苏格拉底使用这样的论证方法，是为了论述苏格拉底在这种情况下所说的话题"灵魂不死"。

以作为苏格拉底的对话者的心情，使用前提的方法，试着进入苏格拉底的对话吧。

灵魂不死

在这个故事中，苏格拉底必须证明的是"灵魂不死"。而形成这一说法的前提是"理念是存在的"。

这两点直到今天也是非常有争议的说法。当我们跟朋友们讨论灵魂不死之类的内容时，对方的反应大多是非常讶异。不过，苏格拉底生活的时代距今数千年，这样的想法无论对希腊人还是其他地区的人，当时的人们都是普遍相信的。

理念论也是同样不好解读的说法。关于理念，柏拉图在对话集中说了很多。不过，非常麻烦的是，柏拉图在定义理念时也用了艾多斯（eidos），理念论的"理念"或者代替用的艾多斯，其实是加了"看"这个动词而成的名词。而且，当时的希腊语当中，一般使用的"姿态""形状""姿容"等，也用作看来、看到的意思。

为什么说这非常棘手呢，柏拉图使用这个词，可以说正好使用了其相反的意思。

比如，柏拉图说"美的理念"，这是指每个物体的美丽，但随着时间的推移它会消失，并且审美因人而异，这么一来就没意义了，无法进行讨论。与之相对的是，永远不变的、对谁来说都一直存在的美的东西，指的是绝不包含任何意义上丑的意思在内的东西。

这样的东西并不是用眼睛看到，或者能感受到的美，因此理念这个词原本的意思是，"看到"是基本与此相反的、并不是感觉到而是思考的意思。因此，翻译柏拉图"对话集"的日本学者们经常用"实相""真物""存在"等添加在"理念"一词上。

当然，同样使用"美"这个词，有时候也不是完全相反的。不过，美丽的事物经由时间会变丑，被叫作美女的人根据时代地域的不同也不尽相同。平安时代的"美女"，就算带了专业人士的解释，对于现在的我们来说，看起来可能也不觉得"美"。

如果不那么复杂，我们可以简单地解释。现在说"所有的女性都是美的"（如这么说不行的话，潇洒、漂亮，就像以前说的骄傲什么都行）的男人是不存在的。不管多受欢迎的女演员，都会有男性表示"那个女的也不好看呀"。人与人不同，觉得谁好看也会有各种各样不同的答案。

不过，柏拉图—苏格拉底所说的"美的理念"，是不变的东西。因此理念说的并不是"理念",而是"本身"。美,就是美本身。

这个词听起来非常陌生,比如"美本身",它意味着不包含丝毫美以外的东西,比如丑这个意思。只要不包含丑的意思,从任何角度来看(思考),在任何时候都是美的。并没有不美的东西。

不过,有必要做这样的设想。世上的东西,都会随着时间变化。正如赫拉克利特、毕达哥拉斯所说的那样,原本他们所说的方式有些极端,但确实也没有不变的东西。在这世上,必须试着考虑在哪里存在不变"本身"。

作为讨论的前提,我们假设有这种东西存在。如同前文所述,前提必须得到参与讨论的对手的认同。

与理念作为前提相比,让我们产生思考的是,如果没有理念就没有前提。这也是如今时代专家大师的观点吧。不过,一切都是变化的。苏格拉底坚信的前提是"理念是存在的"。

再一次、理念

十

为了思考这个词，我们先尝试思考"如果没有理念会怎么样？"

请回忆一下毕达哥拉斯的"人是万物的尺度"这一命题。根据这个命题，无论是谁在什么时候，说的都是真理。

这个主张之所以能够成立，是因为语言中没有固定的标准。比如说"这杯咖啡是热的"，那么无论是谁，在什么时候说的都是真的。说"咖啡"、说"热"，什么情况都有可能发生，这样说来，根据说的人，说的时候的状况也是变化的。总之，无论谁说什么，也只是说了什么而已。

而且，说的人，即"无论是谁"也是变化的。比苏格拉底更早一些时候的希腊哲学家赫拉克利特说"人无法踏入同一条河流"，意思是河水已经流走，踏入河流的人也变了。如果这句话的意思无法理解，那么设想三岁和五十年后的自己就算有同样的感受，那很遗憾的是，也已经不是同一个人了。即使是同样的人，也很难保证有同样的感受。

这么一来，肯定有人会抱怨"你刚才这么说的呀"，或者找理由找借口"也许是吧。不过现在的我和刚才的我不一样了呀"。虽然现今言论自由，但是在这种情况下，无论是对话和哲学性对话也好，还是更为现实的审判、政治谈判，都是无法进行下去的。对方说的内容没必要认真听，听也没意义，"随便敷衍两句就好"。

不过，对我们来说，在平安时代使用的例如"美丽"什么的，用我们的词"美"替换，是不是更容易理解了。不仅如此，夕阳的美与猫咪的美也是不同的，但是我们仍然使用同一个"美"吧。这是为什么呢？

换句话说，虽然被认为美丽的"物"变化了，那时使用的"美"的形容词与现在我们要使用的"美"形容词之间必然存在某种共通的意思或者力量。以此类比，重点不是"美丽的东西"，在这个过程中不变的是"美本身"，这就是拥有不变要素的"美的理念"。

回忆说

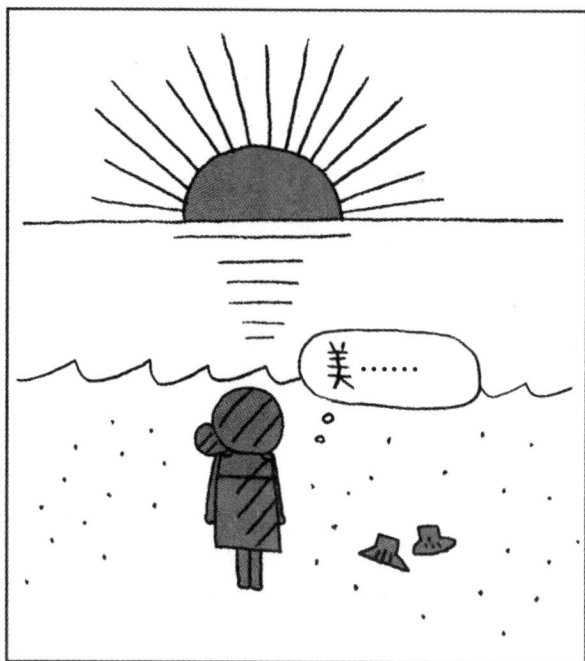

不知不觉说出来的是，是我们（的灵魂）在出生前见过的"美的理念"被想起来了。苏格拉底这样认为。

理念的分有

———

　　刚刚我们解释了，"美"这个形容词里，有超越时代、场合共通的力量，确切地讲，任何语言当中如果没有这一点，将古代语言翻译成现代语、其他国家语言翻译成本国语言时，翻译工作都将变得没意义了。

　　那么，为什么翻译工作是有意义的呢？为何不同语言中的共通的力量得以保存下来呢？苏格拉底等哲学家表示，让这一切得以实现的是回忆法。比如，对我们每个人，都看到了每个事物各自的美，那为什么都共同使用"美"这个词呢？答案就是"回忆法"。

　　关于回忆法，苏格拉底做了如下解释：每个人出生之前，比如明白美的理念，但是出生的瞬间就忘记了，出生数年后，看到某样东西时，脱口而出"美"是因为想起了那时的"美的理念"。因此这个词，以及这个词带来的感动，出生前已经领会同样理念的人之间是可以明白的。

这就是毕达哥拉斯学派的灵魂轮回，就是说人死之后灵魂不死，死之后，领会理念，从那时起又在出生时忘记，出生后想起……如此循环往复。

以苏格拉底提出的理念为前提，我们可以理解，只有理念是真正存在的，比如美的理念常被叫作美，我们说这个世上之物的美，是因为看到这一切的我们（的灵魂），很早之前体会到美的理念，而且在被看到的世上的事物，也蕴含着美的理念，多多少少包含着美的理念而得以存在。

这种多少包含着美的理念而得以存在，被叫作分有（participation）。这是在说到柏拉图理念论时，在表示理念和物体之间关系时经常使用的词。所谓分有，表示这世上的物体与理念有关系、相关，与理念稍有接触的词语。

总结来说，在这个世界上的每个个体，比如，可以说这只猫"美啊"，这只猫就分有美的理念，因为我的灵魂在出生前就领会或者说体会了美的理念。

这样可以稍稍理解理念存在的前提了吧。不过实际上，《斐多篇》中，并没有关于前提引起的纷争。

理念是什么

理念世界

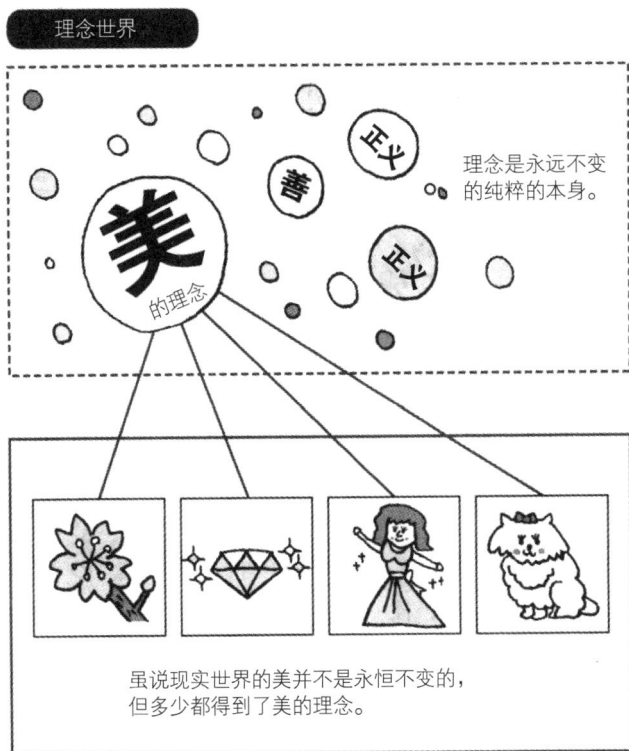

理念是永远不变
的纯粹的本身。

虽说现实世界的美并不是永恒不变的，
但多少都得到了美的理念。

现实世界

在《斐多篇》中，苏格拉底对话的对手是年轻人西米亚斯和克贝。据说西米亚斯和克贝都接受过毕达哥拉斯的教育。两人对于几何学、音乐等毕达哥拉斯所教授的内容，虽然不能说是完全精通，但是大概了解。不仅如此，也听过灵魂轮回重生的说法。要是说起回忆法，西米亚斯和克贝自然也能顺利地接受作为证明前提的"只有理念才是真实的存在"。

反过来说，以西米亚斯和克贝作为谈话对手，使得柏拉图成功创作了《斐多篇》中的灵魂不死论。

"灵魂不死"的证明

接下来我们看看苏格拉底为了证明"灵魂不死"，是怎样使用前提方法，怎样推进论述的吧。

证明灵魂不死的前提是"理念存在"。之后又是如何推进的呢？

一般人被别人问到"为什么美？""为什么 A 比 B 大又比 C 小？"这样的问题时，通常回答"肌肤柔滑，小脸庞，大眼睛目光清澈……"而苏格拉底并没有像这样回答。苏格拉底表示，每个人内心存在的分别是"美的理念""大的理念""小的理念"，所以被问到类似的问题时最好回答"因为你拥有 ×× 的理念"。

我作为 A 跟其他比大小时，对于 B 氏"小的理念"相对的提出"大的理念"，与别的 C 氏的"大的理念"相对提出"小的理念"，因此关于"我"，可以说是既大又小，在这个时候，我拥有的"大的理念"，就是大的状态，不会变小。"小的理念"也是同样。总之，"我"跟相比的对象，无论大小，都能接受其拥有"我"相反的一面，在这个时候，即使在我内心当中依然是各种理念，也无法接受相反的内容与"我"共存。

这就是原本决定理念的东西，所以要在认可这个前提下推进讨论。

这段话之后马上跟着的是苏格拉底关于雪与火的故事。雪是"冷"，火是"热"，虽然两者相异，但对于冷的雪，靠近相反的热（火），雪不会变成热雪，热反而退却，熄灭。同时，火靠近冷雪，火也不会成为冷火，火也会退却熄灭。

为何这里突然莫名其妙开始讲起雪与火这种日常话题了呢，苏格拉底做了如下解释。

理念经常被人用自己的名字呼叫，比如，"热的理念"常被要求叫作"热"，即使不是理念，只要存在，就能要求用理念的名字称呼的东西存在。虽然雪并不是冷的理念，只要作为雪存在就不能被称为"热"，只会被描述为"冷"。

那么我们一定会好奇，这与灵魂不死到底有怎样的关系，接下来还有很多故事。一个人被用自己的名字称呼的同时，必然也会被称作别的名字，苏格拉底首先用"奇数"举例。

1、3、5、7……继续下去，被2除余1的数。这被叫作奇数。

不过奇数不是只被叫作奇数，原本也不过是奇数的一员。比如，3这个数，自己的名字被叫作"三"的同时，也被叫作"奇数"。当然，3并不是奇数本身。但是，按照刚才雪与火的故事，奇数向着性质相反的偶数靠近时，如果3直接变成偶数，那还不如毁灭算了。

这么说来，被3这个理念所占据的事物，一定不仅成为3，还要接受奇数性，不能成为偶数。3个蜜桔，无论是切开还是剥开，每一个形状都完全变化了，但只要是3个，不是偶数，只要不切开，无论如何也无法分给两个人同样分量的蜜橘。

苏格拉底提出了新的、智慧的回答方式。被人问"变热是因为产生了什么？"回答："是火。"

我们不明白这是多么智慧的回答，但是听到问："数字多出什么会变成奇数？""是1。"这就是智慧的回答，这也很容易让人接受。

终于到了最后。揭示这样的思考方法、接受了解之后，苏格拉底说了自己想要说的内容。

苏格拉底问道："身体中出现了什么，才能被认为是活着的？"

这是很妙的提问，答案只有"灵魂"。

苏格拉底回应道，"果然如此"，"被灵魂占据的生物总是能获得生命"。苏格拉底接着问，"生的反面是什么"时，回答也只能是"死"。

这么一来，灵魂是无法接受与生相反的"死"了，这顺理成章就成为不死的了。

对方不禁惊叹道："呀！果然这样一来灵魂不死！"苏格拉底接着问，用雪来说，冷雪靠近相反的热会变成什么？选项有两个，退去或消灭。也许从经验而言，选择"消灭"。那么灵魂会怎样呢？不接受死而成为不死虽说不错，但也应该有两个选项。退去或消灭。而且，对话的年轻人，当然知道不死＝不灭（不消灭＝不灭），可是在谈话中一定会被诱导，断言不死的事物是不会不灭的。

灵魂在死神临近时，不会退去，而是会毁灭的，但谈话中这个选项直接被剔除了。如此一来，万幸得以证明灵魂能够不死不灭。因此苏格拉底得偿所愿，两位年轻人也能安心地接受苏格拉底死刑的结果。

苏格拉底－柏拉图认为的善

╋

不过，并不是真的到此结束。一开始说过的，这是在前提之上形成的讨论。前提是"理念是存在的"。

当然，几何学中有不需要证明的公理作为前提，这是已经证明完毕的结果。不过，苏格拉底说的并非如此。苏格拉底根据前提得出的事情经过多方考察之后，寻找到更上一层的善的前提，必须通过对话进行证明，这里用的是同样的方法。

这么一来，人们会担心原本充分地论证的话题就真的走向了完结。实际上，古希腊人也有避免陷入无限后退的前提等。我们虽然非常怀疑但无法确定，柏拉图—苏格拉底所思考的内容当中似乎也存在相应的部分。

之前提到的《国家篇》中提到，有些事物我们会加上"anypothetos"形容词进行介绍。"anypothetos"是，"an-hypothetos"一词。不知各位读者现在是否能理解。

"an"在英语等语言中所见到的和"un""a"一样，是表示否定的前缀。"hypothetos"是不是眼熟？"hypothesis"是前提的意思。这个形容词被翻译成没有前提，不需要前提，日本的希腊语辞典经常会在后面加上"无条件"的译词。这里所指的是哲学家教育的最终阶段，善的理念。

无论是谁，只要能找到一个自己认定的绝对真理，按照这个标准 A 一一对应，与之相符的为佳，只要这样就认为事情发展得不错。被他人指责时，"就算是你肯定也认为这是绝对的吧？你也是按照那个 A 去对应，做着符合标准 A 的行为吧？这难道不好吗？"此时就可以主张自己的正当性。

基本上宗教就是这样的东西，不过宗教有时会发展得不顺利，这是因为大多数情况下，在宗教团体中认为 A 是绝对真理，在其他教团并非如此。这样一来就可能导致宗教战争。与信徒一起，确信自己拥有独一无二的真理，不允许任何异议存在。

因此，对于苏格拉底—柏拉图而言，这样的 A 并不是神，而是善的理念、善本身。

若是神灵还能够找个其他的托词，但对于所有人来说，所谓善是与其他相比，每一个人都可以任意想象的。在《国家篇》中，说到善的理念时，就像说笑话一样，作为苏格拉底谈话对象的青年问："所谓善就是快乐吧？"

　　这样意义不清的善，如果不用假说来进行解释的话，是肯定不可以的。那么如果用 1 来举例，反驳的余地很小，大家都严肃地对"因为有 1 这个数字"进行讨论。不过，苏格拉底—柏拉图所思考的终极内容并非如此。

太阳喻

十

　　善是无需建立假说进行证明的、终极的东西，这样的情况不用说明，也无需说明，然而当时在场谈话的年轻人，都希望能够得到一个解释，苏格拉底是怎么解释的呢？

　　这时只能使用比喻。这里使用的比喻有三个，被称作太阳喻、线段喻、洞穴喻。

　　三者的共通点是世界是二元存在的。

　　一个是可感世界。对于古希腊人而言，只有看得到的世界。在我们所居住的世界中，只有用头脑才能看到这个世界。这个世界如同赫里克利特所说，是无边界的世界。不过，它并非根本不存在的世界，而是成为"存在却无的世界"，或者说"生成变化的世界"。

　　保证这个世界的、支配我们视觉的原因，是这个世界的生成变化能够通过感觉得以认识。那就是太阳。

这是到现在也能被接受的一种观点。太阳的光照增加了就是春天，生物都生机勃勃地生长。这是因为生物从太阳那里得到能量从而生长。形成生物的无生物，或者说，甚至生物所利用的无生物，也必须要得到太阳的能量。

当然，这一切与视觉相关，也无法抱怨。没有太阳光，我们什么都看不见。电灯，说到底也是以太阳的能量为基础，是电力能量的产物。地球上几乎所有的能量最终都要在太阳面前甘拜下风。

这么说来，对于古代人来说，因为太阳无法直视（我小时候用墨水涂在玻璃片上看过），是看不到的东西，因此，在那个时代的人们的想法当中，太阳并不是生成变化的东西。这么说来，虽然太阳是世界万物产生的原因，但也超越世界万物的存在。

这么一来，另一个是可知世界，就是之前提到的理念世界，同样的，要思考存在的原因。能够被思考得到，才是存在的原因。

如同这个世界是生成变化的，并由感觉而形成的认识，这两者是因太阳而形成的一样，太阳自身是超越了因感受到生成变化形成的认识，是作为思考世界存在的理念世界，是借由存在与思考两者的原因的善的理念而形成的，善的理念自身便和太阳一样，是超越存在和思考的。

线段喻

╂

划分可感世界与可知世界的界限的根据是什么？

因此出现了第二个线段喻。可感世界与可知世界两者的关系，实际上和可感世界内出现的事物的区别是一样的。比如可感世界内存在的事物（包括生物和无生物）、物体和物体的影子（无论是被光照形成的黑影，还是镜子水中倒映出来的影子）的关系。

影子不受一个物体限制，可以有无数个。不过，要是没有物体，也出现不了影子，根据光照，影子的形状也会在瞬间发生变化。

影子和实物，如果用数量比赛的话，因为光的方向影响，使得影子显示出各种各样的姿态，从数量上来说影子是胜者，但是若以存在的确定性而言，很明显实物是胜者。这么一来，实际的胜者用"影：实物＝实物：理念"这样的数学公式来表示（这就是线段喻所说的），与影子相比明确度大的实物、与实物相比明确度大的理念，这样就得出只有理念才是确切的存在这样的结论。

洞穴喻

这么一来，第三个洞穴喻的目的我们也可以理解了。

这个比喻将洞穴内的世界和洞穴外的世界进行比较。当然，我们存在的世界被举例成和洞穴内的世界相反的，被太阳照耀的外面的世界，并且是确切的理智的世界。将前面比喻替换一下，洞穴内的火是太阳，外面世界的太阳则是善的理念。

在外面的世界里，太阳普照、草木繁盛、生机盎然……洞穴里黑暗，像舞台上低垂的幕布，人偶通行的过道、隐藏操纵人偶的屏风、后面的火。幕布与过道之间，人偶身体只能向着舞台，面对着好像被椅子绑着一样坐着的观众。此时的观众就是在这个世界上生存的我们，被椅子牢牢绑住，只能看到幕布上倒映出的影子。于是我们一直笃信幕布上映出来的人偶影子是真的、确实的东西。这就是我们这些人现今的姿态、世间的姿态。

不过，不知因为哪种力量，或者因为偶然的情况，某个人的绳松开了。他吃惊地"回头"看身后，并没有看到火。

他于是走到洞穴外。最初只是眼睛被亮光刺痛。太阳比火更令人炫目。不过，习惯了之后，能够看清楚事物，他看到了太阳光下美丽闪耀着的世界。

这个人告诉洞穴里的人们，劝大家都到外面去，外面才是真实的世界，但是人们只说"干什么傻事！"，并不回头也不愿出去。而且，他们说这个劝大家的人是骗子，最好抓起来杀了。

讲到这里，是不是想起了柏拉图？年轻的柏拉图，曾劝苏格拉底一起去外面的世界。苏格拉底被雅典市民嘲笑、举报，并判处死刑。只要简单地"回头"就能看到事情的真相，并且还有述说美好的真实的事物的人存在，但是人们连"回头"都不愿意。与此对应的只有柏拉图的叹息。

不过，即便如此，为什么苏格拉底，或者其他已经到了外面的人会特意返回洞穴中？

用之前的比喻来类比，到外面的人，热爱真实的确切的人。洞悉转身回头的重要，外面光亮的痛苦的人，都是知道只有向前走才能看到真正事物的人，换言之，是热爱知识的人、是哲学家。

哲学家为何要回到洞穴呢？

洞穴喻

哲学家成为统治者

正因如此，解释变得烦琐复杂并且难懂。到了外面，体会了真正的快乐，喜欢学问、智慧的人，真的能胜任烦琐的、洞穴内的国家统治工作吗？《国家篇》是为哲学家成为统治者而写的篇章，讨论这样的问题也是自然的。

已经看过外面世界的人自己并没有注意到，洞穴内的人们不仅不听他说话，甚至觉得他是傻瓜，嘲笑他从外面回来因为不适应，所以在洞穴内的黑暗中什么都看不见。好不容易回来的人，遭受这样的待遇，还不如不回来。

关于这件事，《国家篇》中的苏格拉底坚决地认为，必须强制热爱知识的人从事统治国家的工作。国家并不是为了让某一个种族特别幸福为目标，这就是理由。

这么一来，热爱知识的哲学家脱离自身的快乐，成为诸如热衷于名誉的人所向往的国家统治者。但这总会被所有人嫌弃。

也许柏拉图在叙拉古经历过这样的事情。真正的苏格拉底、对政治不关心的苏格拉底，没必要参与这么麻烦的事情。

不过，取代苏格拉底的，是用苏格拉底的理性思考作出决定的柏拉图，柏拉图认为必须这么做。柏拉图热爱苏格拉底的逻各斯，决定追随理念并确立自己的志向。

现实中的苏格拉底立场不同，绝不会说"国家存在的目的不是让某一种族活得特别幸福"这样的话。

GREEK

PHILOSOPHY

ARISTOTLE

第四章

亚里士多德的精密思考

猪和亚里士多德

十

大概50年前读过一本书，书里写着几千年前亚里士多德的故事。一提到亚里士多德，我一定会想起这个故事。

那是一个发生在安静的大学城，发生在牛津大学的故事。一位学生正在郊外的小山里读着亚里士多德的原著（即用古希腊文字写的古希腊语书）。

不愧是牛津大学的学生，一般的学者几乎做不到在小山中悠闲地阅读这种原著。肯定是坐在家里巨大的书桌前，不停翻着厚厚的词典阅读才行。如果是现代社会，应该会用电脑帮助阅读，不管怎么说，就是必须要有非常大的知识储备，才能做到如此悠闲地阅读。而且亚里士多德的书非常难以理解。根本做不到在山丘上悠闲阅读。

故事未完。这时从森林里突然出现一头猪，向人袭来。学生立刻将书塞进猪嘴，叫喊着："这可是希腊语！"猪受惊摔倒，被书噎住而死。

不愧是在牛津大学，猪也能读希腊语，还能知道那是亚里士多德的书，知道是了不起的作品。

不过让猪受到惊吓的估计并不是希腊语，而是作者是亚里士多德吧。学生正在读的书是打开的，毕竟每一页上都密密麻麻印刷着看不懂的黑线（字）。

当然，希罗多德、修昔底德历史学家的书，牛津也应该有希腊语版本，而且历史书的内容也是密密麻麻的。之所以作者要编出这么一个笑话，多半也是因为连人阅读时都觉得很头疼，说不定连猪都能意识到这一点，才出现了猪受到惊吓而死的情况。如此说来，其他希腊作家的书达不到这个效果，只有亚里士多德的书才会让人有此共鸣。

亚里士多德的作品

十

亚里士多德的书，为何读起来那么难？

亚里士多德的书既不是诗歌体裁，也不是沿用到现代的对话体写作。如果是这种体裁，亚里士多德的书上就不会出现那么多密密麻麻起伏的黑线了。

亚里士多德在学园中，听到柏拉图用理性的对话探寻真理，明明应该有很多机会可以亲身实践，但是亚里士多德却没有实践。

不过，也不能说亚里士多德没有写过对话。古代罗马的西塞罗（Cicero）曾经赞扬过亚里士多德的对话集如同流动的水一般美丽。不过所谓历史，或者说"时间流逝"，是不可思议的、无法解释的，只留下更有个人风格的东西。当然，作为现代人，我们只能读保存下来的东西，这也不过是我们作为追随者的感想。

尽管如此，亚里士多德写的书，比如《论灵魂》这一本，它非常短，既不是诗也不是对话集。这本书中最出名的内容是亚里士多德认为植物也有灵魂，因而成名。

　　亚里士多德在这本书第一卷第一章的开始部分就已经提到，所谓灵魂，与实体、性质、数量或者是属性都不一样，决定了其他某种事物，决定事物属于可能态还是现实态。

　　一般作者在书的开头，就必须明确自己现在想要探求的问题。后面我们还会提到，可能态和现实态的区别，是亚里士多德特有的，或者说独特的。在书的一开始出现这样的内容是最好的。看到属性、可能态这些平常听不到的词，要是没有相当的勇气，可能就不想往下读了。

　　亚里士多德为何要用这样的写法？现在想想看，亚里士多德之后的所有论文，一直到今天，都是用的类似书写方法。这么一来，就能明白亚里士多德的论文是为何为谁而写的。

　　亚里士多德是以谁为对象的呢？亚里士多德是用怎样的方式生活的人呢？

　　亚里士多德出生于富拉基亚的斯塔基尔，希腊殖民地。这个城市位于毕达哥拉斯、原子论的德谟克利特出生地的北方，与著名的亚历山大大帝的出生地马其顿接壤。

　　亚里士多德出生于公元前 384 年，斯塔基尔已经处于马其顿的统治之下。由此可见，马其顿虽然有很多风俗和希腊不同，但语言、宗教等都是一样的，也参加奥林匹亚竞技赛。

亚里士多德的父亲尼各马可是马其顿王室的御医，很早去世，随后母亲也去世，亚里士多德由义兄普洛克塞诺斯抚养长大，17岁去了雅典，在柏拉图的学园就读。

据说亚里士多德阅读了学园所拥有的大量藏书，当然，也阅读了柏拉图早期、中期的对话集，所以亚里士多德也是理解当时对话集形式的意义的。

在公元前347年柏拉图去世之前的20年里，亚里士多德在学园里学习、研究、指导师弟。他在柏拉图死后，游历希腊各地，并继续他的研究，后来受到马其顿国王菲利普二世的邀请，成为当时13岁的王子亚历山大的家庭教师，时年42岁。

公元前336年王子即位，第二年即公元前335年，49岁的亚里士多德回到雅典，在雅典郊外的吕克昂神庙（即阿波罗神庙），建立了"吕克昂"学园。由这个名字产生了现在法国高中的Lycees一词。在那里，亚里士多德上午和高年级的学生们一边散步一边讨论哲学的深远问题，下午为新学生做讲座。因此，亚里士多德的学派也被称作散步（逍遥）学派。

　　公元前323年，亚历山大大帝在远征途中突然病死，雅典发生了对马其顿人的迫害，因此亚里士多德在当年移居加尔西亚。在第二年公元前332年逝世，时年62岁。有人说是病死，但也有人说是像苏格拉底一样喝了毒芹汁。

亚里士多德老师

亚里士多德是教师。为了听亚里士多德的教诲，那些弟子从各地来到亚里士多德的身边。当时信息流通途径有限，这些弟子大概一定程度上非常关注亚里士多德，想要了解他的学说才跟随他的吧。

亚里士多德的生活分成上下午，整个上午和弟子反复地讨论，下午是为新弟子做讲座。这么一来，计划阅读老师著作的读者，一般都是非常熟悉亚里士多德用语习惯的。特别是上午参加散步谈话的人们，都是追随并习惯亚里士多德的想法的人。

这么一来，现在残留下来的他的书，其实大部分是为了给学生听讲用的讲义录吧。

一般认为，现在留存下来的亚里士多德著作集，是由亚里士多德吕克昂学园第 11 代园长安德罗尼柯，将未经整理的亚里士多德草稿或是讲座的笔记，整理编辑而成。现在被翻译成《形而上学》，希腊文这个词原为 "ta meta ta physika"，是 "ta physika"（自然学）的 "meta"（之后编入）的意思，只是表示安德罗尼柯编辑的顺序。绝不是形而上学的意思，恐怕也不符合其原本的意思，更非安德罗尼柯的本意。

因此亚里士多德给后世或弟子们留下的演讲稿、讲座笔记，大约是为了让自己的弟子，无论新手还是高阶弟子，可以通过这些材料了解老师亚里士多德的观点，同时了解老师思考的演进方法、讲述方式，可以说是弟子的入门篇。

这些书稿是为各地来学园求知的弟子们写的。弟子们全力理解老师的观点，进而可以越来越接近老师的观点。亚里士多德就是这样为学生们写出草稿。

这么一来，亚里士多德书写这些内容时的目的就非常明确了。如果所写的内容是讲义草稿，那么这些书稿具有非常特别的意义。

讲座由老师讲述，学生倾听。学生聚集到这里并不是为了学分，而是为了听名师的讲座，这对老师而言是十分开心的事情。毕竟出席自己讲座的学生非常积极，也对自己所用语言的晦涩丝毫不介意，反而非常感兴趣。亚里士多德的讲义录的特征也在于此。

讲座以某个问题为论点，并以此推进讨论的形式。即使将来有一天对观点质疑，但是现在首先确立论点，或者用可以理解的语言让听众听下去。实际上，这也是现代学术论文的基本形式。但我认为亚里士多德用这种形式叙述，是因为他在学园或是吕克昂，有最初作为学生，再成为教授者的经历。

作为学生听讲时，老师的用语，或者说根据这个词所产生的主张，首先成为论点。当然，在并不了解的情况下，学生也可以提问。但如果只是学生单方面提问就无法往下讲，周围的学生也会不满。因此，原则上老师的话作为论点必须尊重，老师在大家都认可的前提下讲授。现代各国都设置了大学的入学考试，其实是为了确认考生是否能够理解在高等教育中通用的语言。

如此这般，写书时，以遣词用句以及用语言表述的观点作为前提，是作为教师写书的方法。只有这种方法，才是教师亚里士多德认为适合自己的写作方法（这也是他主张阐释真理的演绎法的起源。与此相对的归纳法是大概2000年后的弗朗西斯·培根倡导的）。

既不用诗也不用对话形式书写，亚里士多德的书也同样成为学生立志学习哲学的必读物。

即使是基督教全盛的欧洲中世纪，也要阅读亚里士多德的作品。特别是得到圣人托马斯·阿奎纳（Thomas Aquinas）的推崇之

亚里士多德的演绎法与培根的归纳法

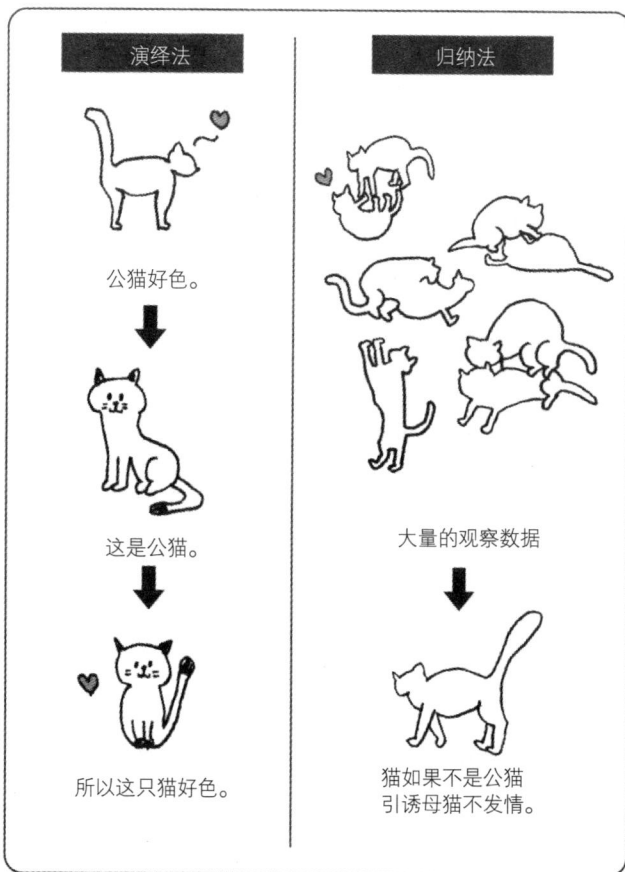

| 演绎法 | 归纳法 |

公猫好色。

这是公猫。

所以这只猫好色。

大量的观察数据

猫如果不是公猫
引诱母猫不发情。

后，亚里士多德的作品成为中世纪欧洲大学中的读物。不过，那时学生们所读的书并非亚里士多德所写的原著，而是翻译成拉丁语的版本。

论述猫的亚里士多德

在这一时期，位于雅典类似柏拉图的学园这样的地方，吸引了大量雅典以外有志于学问的年轻人前来。从这个意义上来说，亚里士多德也是他们中的一员。不过亚里士多德是从马其顿来的，也许在当时还会受到周围人相当大的抵制。

不过，柏拉图对亚里士多德的评价非常高，据说柏拉图曾称赞亚里士多德是"学园之灵"。关于亚里士多德对自然的学问，柏拉图对其的期望也很高。

当然，在其他领域，亚里士多德的观察角度也很突出。

一个有趣的事情，最早古希腊并没有猫。在各种各样的书中，几乎都没有出现猫。有人说老鼠都被黄鼠狼捕走了，真伪已经不可知。但现在，在希腊无论哪个岛上都有猫，猫对于访岛的游客也很亲近。

关于猫，前面讲希罗多德时提过，亚里士多德也谈到了。也许是亚里士多德基本接触不到其他动物，经常观察猫得来的。《动物志》第五卷第二章中记载："猫（是身体后部撒尿的动物）并不从后面进行交配，公猫站起来，母猫在身下。母猫本性好色，引诱公猫交配，交配时会发出哭泣的叫声。"

我和关系好的动物医院的院长确认过，院长告诉我猫的确是这样，如果母猫不引诱的话，公猫不会发出发情期特有的叫声，因此可以说母猫"好色"。亚里士多德也许是从别人那里听说此事，但我不认为作为柏拉图称赞的"学园之灵"亚里士多德会不经过确认而轻易写下这样的内容。只能说亚里士多德一定是找到希腊为数不多的猫，特别挑了猫的发情期，并分辨公母，观察而得。亚里士多德的探究之心实在让我敬佩。

据说亚里士多德的书大部分都遗失了。现在在书店陈列的文集中取一本，不知道该怎么说，总是无法引起读者的兴趣。亚里士多德所写的，如同前文所述，可以说是学术书的模范。

不过，问题恰恰就在这里。亚里士多德也许是写过对话集的，也有西塞罗的话作为佐证。不过，若是亚里士多德能写对话形式的文章，为何不把所有作品都写成对话形式？亚里士多德写这种如学术书模范一样的内容又是为什么？柏拉图认为对话集的形式，是交会着理性逻各斯的，是明确探求事物的正确过程的。因此亚里士多德是希望学生们首先可以接受自己的想法，作为一个老师，带着为人师的想法进行创作，反而让作品变得更难懂了。

亚里士多德的思考演进方法

十

关于亚里士多德的思考演进方法，可以参照亚里士多德其他书。

比如，被翻译成"实体"的古希腊语 ousia 。这是从叫作 einai 的由"存在（有、在）"动词而来的名词。因此，包含着"真正存在"的意思。不过在古希腊语中，一般被用作"真正存在"的单词，也用作不动产、财产的意思。当然，哲学家，特别是像柏拉图这样的哲学家使用时，一般都赋予它们别的意思。实体，是原本的形态的意思。因此，柏拉图说的是实体不是在世上存在的物体，而是从灵魂思考而把握到的理念。

在柏拉图的学园中学习的亚里士多德，将实体分为第一物体、第二物体思考，将其分成两个或者三个进行思考是他的拿手技能。这种情况，亚里士多德把第一实体当作"这个人"一样，指的是这里存在的所谓个体，第二实体是人类、生物，指的是种类。

世上的物体，都是一个一个的个体。我的猫对我来说，有着和世上所有的猫相同的价值，或者具有比世上的猫更多的价值，然而实际上，我的猫不过是被叫作猫的生物中的一只。亚里士多德将这样的个体作为第一实体、第一存在的物体。虽然他的老师柏拉图说只有理念才是实体。

将问题一分为二的思考方式，是亚里士多德推进思考的著名例子，考虑"正确"时的二分法。将"正确"分成分配的、补偿的两部分。

"分配的"是希腊语的形容词 dianemetikos。可以说是"（和那个人的）价值相对应"。人各自有不同的价值，尽管如此，向这样的人群分发同样的东西就会出现不公平的"正义"感。分配给适合这个人价值的东西才是正义。因此，这个正义是在比例价值的意义上，被叫作分配正义。

另一个矫正正义，需要裁判。这个正义和分配正义相比被叫作"算数的正义"。比如，两个人相关的物品，一方拿走另一方的东西时，裁判就要介入，将加害者拿走的东西返还给被害者，恢复正义就是正义的所在。这时，与加害者、被害者的身份和能力都没关系。

思考正义的二分法

矫正正义

分配正义

与身份、能力无关，
被保护的正义

分配给与这个人价值
相匹配的正义

也想讲述这个世界

†

事实上，亚里士多德所做的也与柏拉图不同。不过，我觉得亚里士多德想要的讲述，应该是这个世界是有意义的。

无论是希腊还是日本，我想，应该有很多人都赞同这个世界都在不断变化，无法停止。特别是感受力强的人们会这么说吧，这的确是真正让人困惑的。"三日不见之樱花"，樱花，盛开之后迅速凋零。如果面对这样的场景毫无感想，我们的祖先应该会很生气，后世的子孙真的不讨人喜欢，同时祖先也会感慨几百年过去了，日本也变了。

在古希腊，这种趋势变化更加明显。就算提到变化，也不知道要怎样变化，也不知道好不好……因此出现了前面说过的毕达哥拉斯。这就是苏格拉底、柏拉图与诡辩家之间的交锋。

两个人都认可世上的人是变化的。不过，在此之上，柏拉图认为只要接触了美是永恒不变的理念，看到了，觉得是花，觉得美，那么以后就会立刻感受到美。换句话说，在这个节点，这个人是这么认为的，这么说就是正确的。

亚里士多德也挑战了诡辩式的思考方式，采取的是与柏拉图略有不同的战术。

作为第一实体存在在那里，比如"这个人"事实上什么都不是，也不是偶尔存在，因此不是马上消失变化的不确定性物体，有着明确的原因，成为存在的物体。

这样的原因有四个。这就是亚里士多德的四因说。

四因说

十

四因是"质料因""形式因""动力因""目的因"。

质料无疑就是质量。是一般日语中不常用的单词。翻译成材料因之类的话现在也好理解,不过明治时代,当哲学从欧洲传入时,翻译的人费力挑选了这个单词。

以建造房屋为例。亚里士多德在《自然学》第二卷第三章中举了铜像的例子,如果用房屋来举例,作为日本人一下子就明白了。

建造房屋当然需要土地,不过土地是借用的,纯粹只是建造房子。日本的房屋或者是别的土地上的房屋,绝对需要木材。这个木材就用我们不太熟悉的"质料"一词。是材料、素材的意思。

当然,即使有素材,要是没有工匠也是无济于事。这就是动力因。另外房屋设计图,就是形式因。

最后是目的因。房屋为何而建?是为了躲避风雨,还是为了冬暖夏凉?是为了生存,还是为了舒适?

四因说

质料因

动力因

目的因

形式因

家是因为这四种
原因建立起来的。

并不是理念
的模型呀!

亚里士多德

人们出于这四种原因而建造房屋。这世上的房屋，都无法和家的理念相比，不过是确实存在的。支持"存在"的是这四种原因，这个家绝不是梦幻。

进一步确认过依据四因而制造的"家"的真实存在之后，亚里士多德说："如果是事物本身，时间是事物消灭的原因，而不是事物生成的原因。"

换言之，如果放置不管，随着时间的流逝，好不容易建好的东西也会坏掉。这就是警告人们，房龄几十年的房屋，如果不好好修缮也会坏掉。

话虽如此，那么时间是否会成为事物生成的原因呢？房屋的确是如同亚里士多德所说那样，不过，时间成为生成的原因这种情况就不存在吗？

亚里士多德说，"随着年月增长，不能说记忆力变得年轻、变得漂亮了"，我们可以用"成为大人"替换"年月增长"。原本，"成为大人"当中，就没有考虑积累经验，或者在学校学习、现在在补习班上课之类的意思，只是说年纪陡然增长之后，记忆力衰退。

总之，亚里士多德所认为的世间的个体，并不是偶尔出现的物体，而是使用了精心的技巧和计算制作而成的个体。

潜能和现实

亚里士多德除了智者之外还有不得不面对的敌人。这是不好对付的敌人，之前列举的巴门尼德就是如此。

前面已经提到这位哲学家巴门尼德，是意大利的埃利亚人，具体出生地点不详。大概出生于公元前 6 世纪，在公元前 5 世纪中期去世。

亚里士多德对巴门尼德提出的问题，是用韵文歌唱的"有（存在的东西），不存在的东西是不可能的道路，现在一条道路是（不存在的东西）不存在，而不是不存在的东西必然有两条道路"。简单地说，存在的东西存在、不存在的东西不存在，没有中间的东西。

这里的问题在于，要如何解决中间存在不存在的问题。

存在不存在，让人很快想到"变化"这个词。如果不考虑变化要怎么办呢？

变化的世界原本是不存在的，那么我们将无法评价这个世界的事物，不能说这是真的，那是假的。反过来，那就是说什么也没关系。毕达哥拉斯的主张正是如此。当然，亚里士多德并不这么认为。

亚里士多德写了很多书，与动物相关的就有五册。动物是有生成变化的物种。想要写动物，如果不能解释"变化"、不能解释变化相关的根据，就只是梦话。

也正因此，亚里士多德举出了上述四项原因，更明确地说，亚里士多德想要打破"因为这个世界的事物是变化的，本物是不变的，因此关于这世上事物的任何主张都是无用的"这个观点。

这就是潜能（dynamis）和现实（energeia）的区别。现实的是作为现实的形态（这就是现实性的意思），即使是"没有"或"不是这样的"，总之被叫作"存在""是"的物体中也藏着"潜能"。

现实中，即使只是木材，也隐藏着成为家（的部分）的潜能。因此，变化不是不存在的物体成为存在的物体，而是有潜能的，借助动力因，木材中也包含着成为现实的家的部分。

用这种方式思考变化，进而借助语言表述，试着解决巴门尼德等人以及很多古希腊哲学家所困惑的问题，即"从不存在中产生存在是不合理的"。

多一种状态

如果直接以这个结论结束，可能会带来更麻烦的情况。

之所以这么说是因为，亚里士多德不仅引入潜能和现实两者的区别，还会多考虑一种状态，即"隐德来希"（拉丁语 entelecheia），译为"完全实现"。

隐德来希在大多数场合被认为和现实一样。比如，谈论知识，所谓知识的潜能，是指拥有知识但并未使用的状态。这么一来，真正使用知识并发挥就被叫作现实。

不过，说到变化，这里所说的潜能并不是没有被使用，实际上是事件发生了之后，想要使用就能使用的状态。这么一来，更广泛的潜能和现实这两者的差别，就只是在事情发生与否了。两者都是知识的所有者，区别只是有没有使用机会。

这里总结一下隐德来希的概念。在隐德来希当中，第一隐德来希（第一指的是，首先存在）是知识的所有，第二（本意）隐德来希是知识的使用。

同时包含这两个意思的隐德来希相对应的潜能是指，虽然有获得知识的能力但学习不足……这么一来，从潜能向现实的转变不会发生在不存在的事物上。对于尚未使用的能力，只要通过学习而试着使用即可。

总之，亚里士多德认为，变化是无论何时无论何地，即使什么都没有，也不会突然发生，但在具备潜能的条件下，能通过某种过程而发生的，因此，研究变化也就是研究对象，只要能解释这一点即可。

这个解释得到众人的认可，亚里士多德也成为欧洲中世纪很长一段时间里，研究人员必须学习的第一人。

潜能、现实、隐德来希

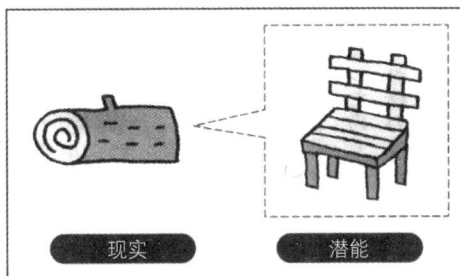

现在是木材，但
具备了成为椅子
的可能。

虽然有获得知识的能
力，但并未获得的状态
被叫作"潜能"。

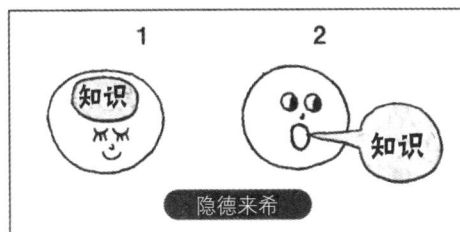

集合了拥有知识
的状态和正在使
用的状态。

"形而上学"的命运

进入现代之后，故事发生了变化。亚里士多德的主要著作，曾是亚里士多德的毕生成就的《形而上学》，不仅没有被传承下来，还成了贬义词。这大概是 50 年前的事情。

要是被谁说自己的主张是形而上学的，仅此一点，就相当于别人说你这个人老气、无用。不过，这并不是否定亚里士多德的《形而上学》的写作方法。这本书的写作方法还是学术论文的标准。

现在即使作为贬义词使用的"形而上学"，亚里士多德的全部学问，也被当作遗产或是化石，他包含哲学在内的学问是非常进步的。

亚里士多德死后的"人生"，也可以说是一场经历了动荡的"人生"。一是希腊自身大势已去，罗马时代著名的埃及亚历山大图书馆遭遇大火，图书馆内的众多藏书连同亚里士多德的书都没

所谓形而上学

有幸免。

"埃及艳后"克娄巴特拉七世的故事众所周知，罗马和埃及之间也存在矛盾，之后，伊斯兰人的入侵甚于罗马。据说伊斯兰国王为了实现统治埃及，命人将图书馆的书当作澡堂的燃料。

在这期间，情况又发生了变化。从公元 8 世纪到公元 10 世纪，宣扬希腊罗马文化的文献（包括书）被翻译成阿拉伯语，据说也出现了培养翻译的学校。这一时期开始有学者研究如何将亚里士多德的哲学与伊斯兰信仰相结合。

随着十字军东征，客观上促使欧洲与伊斯兰文化圈增进交流，阿拉伯语的亚里士多德的书也被翻译成拉丁语。因此出现了之后会解释的 "Neo-Platonism"，被译作新柏拉图主义，在后来广泛覆盖了哲学界。亚里士多德所写的，以及对亚里士多德作品的理解，都受到了影响，不仅如此，纯粹的亚里士多德哲学与基督教神学，或者说与信仰要如何调和又成了学者讨论的课题。

在中世纪完成此项工作的，是前文提到的托马斯·阿奎纳。阿奎纳并没有将双方对立，他认为有些真理需要理解，只能通过超越理性中心的亚里士多德哲学所发现的真理、基督教信仰产生的真理，比如"复活"等，真理超越了理性，通过信仰才能真正被人领悟。

所以两者不是对立，而是共存的，并明确阐释经由信仰而来的真理以外的真理，是从理性中发现的，从此以后，中世纪的大学就可以放心地讨论、阅读亚里士多德了。

也因此，亚里士多德思想在中世纪复活了。不过文艺复兴是从中世纪开始重生的，这里从哲学上来看，是柏拉图、新柏拉图主义。

不管时代如何变迁，亚里士多德的思想都会引人注目。若是现代社会，亚里士多德一定会因为三段论、论辩术而出名。不过，这些对亚里士多德来说并不是那么重要。

论辩术等并不是学问，只是技术。无论谁用得多了，都能熟练使用。只要能够熟练掌握，讨论正义、非正义，都一样有效。因此，据说是伪作的亚里士多德的《赠予亚历山大（大帝）的论辩术》的绪论中，亚里士多德说，按照大帝书简中的语言，这本书"除了自己以外不能给别人看"。当然，亚里士多德自己并没有这么做，因为亚历山大大帝担心这本书是"术"。

亚里士多德详细说明了以大前提、小前提、结论为顺序的证明的方法。"所有的人都会死""苏格拉底是人""苏格拉底死了"，这是最简单的三段论的形式。用这种方法进行证明，现代学术界应该也不会出现太过于出乎人意料的结果。

幸福是什么

十

说到亚里士多德，人们会想到《尼各马可伦理学》。这本书的名字，据说是亚里士多德的儿子尼各马可校订的稿件，从而形成了现存的版本。巧合的是，亚里士多德父亲的名字也是尼各马可。看来在希腊继承祖父的名字是很常见的。

当然，这也是讲义原稿。这就说明这部作品面向的是听讲义的人们，比如今天的学生，为这样的学生讲述内容推进讲话内容，理所应当地必须考虑到读者人群。既然是讲座的讲稿，当然目的是希望听众接受、了解或赞同。这和亚里士多德感兴趣的辩论术类似。

不过还是有不同之处。之前说过，这时聚集起来的人们是为了听讲座而来，所以他们的身份就是"学生"。学生们对于演讲者，也就是"老师"，必须尊敬，也必须有求知欲和听讲座的积极性（这一点和现代大学上课不同。大学课堂对于大多数学生而言，只是为了学分）、听众"尊重"演讲的老师、"想要听老师说"。因此面对大家的积极性以及对自己的观点的支持，老师可以放心大胆地发表自己的观点。

那么我们就一定很好奇，谈论《尼各马可伦理学》时，亚里士多德是如何选择"大家都赞同的观点"的。实际上这个问题已经得到解决。毕竟讲座是在学园举行的，大家是为了听柏拉图的意见，尊敬柏拉图才聚集在一起的，以柏拉图的言论作为开端即可。万一有人对讲座的观点质疑，只要告诉他们柏拉图曾经这么说过即可。

这是一本关于伦理学的书，书的主题就是"幸福是什么"。讨论这样的问题时，一般的共识是柏拉图所说的只有"最高的善"才是幸福。

"最高的善"翻译过来，听起来是一个高级概念。实际上，这只是"善"的最高一级。所以我认为，大家读到这里只要把它理解为"最美好的事"就可以。

亚里士多德举例，所谓"最美好的事"，就是无论一个人是否有教养，多数的人是"幸福的"，或者说"好好活着"＝"活得好"，是同义词。我认为这一点不分时代，都是一样的。

在理解这一点之后再看柏拉图的《会饮篇》。这是苏格拉底、阿里斯托芬等人各种讨论爱的对话集。狄欧蒂玛问苏格拉底："恋爱的人，对于恋爱何所求呢？"苏格拉底回答说："将美的事物据为己有。"她又问："将美的事物据为己有又能得到什么呢？"苏格拉底只能回答"无法回答"。

此时，狄欧蒂玛改变了问题："如果将美的换成善的，得到善又能得到什么？"这一次苏格拉底放心地回答："得到了幸福。"听到这个回答之后的她，也说"那我也没什么想问的了"，女巫承认这就是最完美的答案。

成为最完美的答案，就意味着这已经是人们能够得到的、最好的事物，这个答案就是最完美的、最后的"善"。

如果是这样，那么亚里士多德讲座的听众应该都没有不满，也都认同这一点。当然，也许这是在亚里士多德创立的吕克昂学园中的授课，也是柏拉图－亚里士多德的学校。听众应该都从各种途径听过或者读过类似的内容。

亚里士多德揭示了"最好的＝幸福"的说法之后，实际上亚里士多德想要表达的观点是"最好的"是一种快乐。

这个观点通过语言不太容易理解，我认为必须要在语言的基础之上，讲明白对于人类来说什么是最好的，概括来说必须要讲明白所谓幸福是指什么状态。

亚里士多德思考的幸福

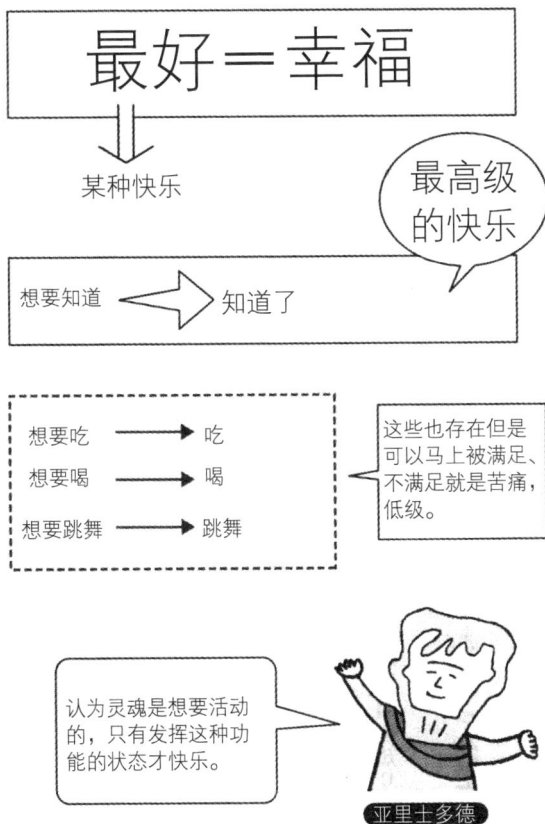

最好＝幸福

某种快乐

最高级
的快乐

想要知道 ⟹ 知道了

想要吃 ⟶ 吃
想要喝 ⟶ 喝

想要跳舞 ⟶ 跳舞

这些也存在但是
可以马上被满足、
不满足就是苦痛，
低级。

认为灵魂是想要活动
的，只有发挥这种功
能的状态才快乐。

亚里士多德

　　亚里士多德提出："灵魂所持有的机能如果不会受到现实的影响（这是和潜能 dynamis 并提的现实性 energeia 的动词形态，energein 这个词），先不谈是否是灵魂机能的全部，机能当中的一种如果能够起到作用，那就是幸福，也自然是人们最想选择的。人只要有想要选择的想法，那就代表着快乐和愉悦。"

　　这么一来，这里的结论就是："最高级的善，就是让灵魂的性能不存在于潜能上，而是作用于现实，这就是某种快乐。"

　　不过，在这里我们就会很容易联想到，快乐是灵魂的机能起作用，若是成功了，根据灵魂的机能一一对应，人们有了各种各样的快乐。在此之上，亚里士多德所思考的人类的灵魂也拥有各种各样的机能。机能是什么，想要做什么？如果和欲求置换的话，也许会好理解。想要吃饭、想要喝葡萄酒、想要看美丽的景色、想要知道制作风景的手段、想要知道形成现状的原因，有各种各样的欲求。

　　此时，推进亚里士多德观点的一种模式是，将各种各样的机能分成几个类别，并且将其标注先后顺序。

　　当然，这是哲学家亚里士多德所选择的优先顺序，前面我们也反复提到，听众是在学园、吕克昂等聚集、爱好哲学、喜欢学问的学生，当然他们也会赞同将灵魂内在的 nous（知性＝灵魂当中用逻各斯、语言思考的部分）的机能放在优先地位。

　　的确，如果单纯依照感觉相关的机能行动的话，会出现过度追求无理快乐的情况，结果只能是加重苦痛（这里的苦痛指的是无法让理性部分的机能行动起来），这样的快乐也无法长久。

亚里士多德所认为的神

同时亚里士多德也承认，处于灵魂低级地位的部分机能如果发挥作用，同样会让人感觉到快乐。比如，人不管是做多么有深度的事情，总会觉得口渴想要喝水，那时若有准备好的水，就会让人觉得幸福。不过，尽管高兴地开始喝水，但不会一直喝水。如果强迫自己这么做的话就会变成苦痛。总之，这种幸福不会长久持续。

那么作为神，神不是人类，神会怎样呢？亚里士多德也思考了这个问题。柏拉图把神性当作理性，而且是跟人相比不会犯错的理性，行动也是同样的理性，柏拉图在"对话集"中并没有写到神这个问题，亚里士多德是如何看待的呢？

亚里士多德认为神也会有这样那样的想法——这个观点也并非全无道理。亚里士多德认为就神的情况来讲，神的活动不是行动，而是不动的活动。而且神的唯一活动是自己思维（也称作思维的思维。这是个微妙的词语，说的是思维是思考着思维的自己，简单来说，思考的人正在思考思考的自己）。

因此，神不用探查任何对象，也不用担心思考对象会消失，只要自己一动不动地思考着自己，就是最高级最好的快乐。

如此一来，大部分的人一定会好奇："什么？这个神是什么？一个人在做什么？"但上课的是亚里士多德，这里的听众都是学园中的人们，已经习惯了这种思考。熟知柏拉图的善的理念，在这个基础上，教师授课，学生听课。终极的存在，或者说超越存在的存在，将善的理念比喻成太阳的话，善的理念散发着光芒。对于向往着、仰望着善的理念的人们，能帮忙做些什么呢？还是付之一笑，甚至连这都做不到。人类只有对善的理念心怀憧憬，才能为了接近目标而努力。

亚里士多德提出的这个自己思维的神，如此冷漠，和柏拉图的终极的"善的理念"是一样的。这就是前面说过的，希腊人把神排除在哲学之外，苏格拉底与神成功对话之后，柏拉图还是保持着只和人对话的理性，脱离神思考哲学。这一点苏格拉底和柏拉图是一致的。

当然，亚里士多德的神，和柏拉图善的理念一样，并没有对人存有恶意什么的。不过，也不会帮助人，毕竟都是在一动不动

亚里士多德思考的神

不要被打扰、只是不断思考着最高级的 nous 理性的存在。

一直思考的神无论何时都是最幸福的。

做不到……

地思考自己的思维。

此处亚里士多德的讲座也没有被听众打断，亚里士多德继续放心地推进论证。结论认为，神的幸福就是这些，但是人，人的灵魂是拥有德性的，这是真实的，灵魂拥有的是真正的存在，不受影响，只要现实能够发挥作用，对人来说都是无上快乐、幸福的。

这里突然出现了"德性"这个词。亚里士多德使用的德性这个词，与柏拉图说的四德，智慧、勇气、节制、正义类似。灵魂如果没有受到阻碍，而是能把各种各样的德性发挥出来，才是幸福的。

不过，亚里士多德还说了最高的善。德性是最高的德，灵魂发挥这一部分的也是最理想的部分。对于哲学家亚里士多德来说，对于听亚里士多德讲课立志成为哲学家的听众来说，成为最高的德就是智慧，而且是真正的智慧。

亚里士多德还是有些保守，他提出，对于人来说，揭示智慧，与之相关的灵魂拥有逻各斯的部分叫作 nous（理性），亚里士多德把理性的活动叫作"沉思"。

在灵魂进行的各种各样的思考中，"沉思"被叫作 theorein。被翻译成"探求""研究"等，原本有"看到""眺望"的意思。不过，在亚里士多德看来，"沉思"相当重要，并且解释起来略麻烦。

"探求""眺望"都是常用的词，但不能代表"沉思"。亚里士多德认为"沉思"是神的专利。

亚里士多德认为神是理性的。当然，也是最高级、最优秀的理性。毕竟是神，理性所思考的对象，当然是最优秀的事物。如此一来，这个优秀的理性将优秀的理性作为思考对象，明确地说就是把自己当作对象了。

换句话说，神思考自己。如果自己思考自己，思考着的自己和被思考着的自己，都是存在的，是现实，并不是潜能，此时神真真切切地进行了沉思，不是也许什么时候会沉思的可能性。这种神的沉思，可以说是最快乐、最善良的。

当然人也可以沉思自己。和神一样，这种沉思是快乐善良的，但无法像神一样永远沉思下去。人如果永远沉思，也许一不小心就会瞬间掉进洞穴里。

尽管如此，亚里士多德最终得出结论，只有进行知性的沉思，才是人的快乐、终极的幸福。

主动理性和被动理性

在这里我略急切地做出解释，这个解释略显模糊。亚里士多德在我前文的解释之上，对于知性活动进行了分析并给了更为正确的解释。不过并不是在《尼各马可伦理学》，而是在《论灵魂》一书中。

亚里士多德用了自己擅长的分割法将理性分成两种，继续进行解释。理性分成两种，被动理性和主动理性。

前者马上就能明白。当我们思考事物时，之所以我们能进行思考是因为存在思考对象。比如，明天上班要穿的衣服。这种情况下我们就在思考：明天会热，我喜欢的衣服送到洗衣店了，这么一来，如果洗衣店能早一天送回衣服，问题就马上解决了。我的思考对象消失了，我对这件事已经不再深入进行思考了。对于某个对象的思考就是这么回事儿。当然，为什么苹果会落下而月亮却不落下，这类高难度的问题是无法解决的，无论何时都存在

何为沉思的生活

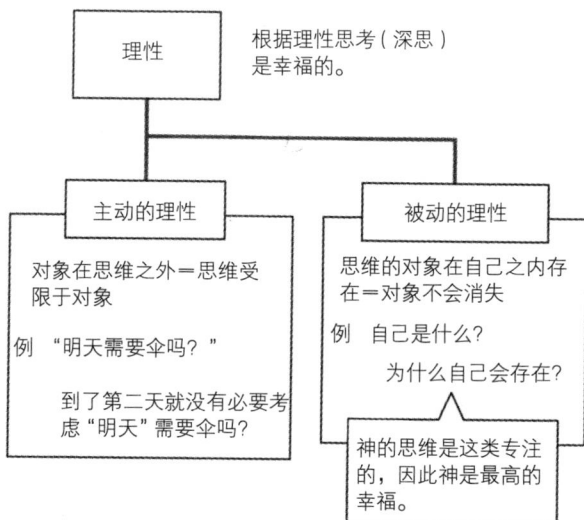

```
┌─────────┐     根据理性思考（深思）
│  理性    │     是幸福的。
└─────────┘
```

主动的理性	被动的理性
对象在思维之外＝思维受限于对象 例 "明天需要伞吗？" 到了第二天就没有必要考虑"明天"需要伞吗？	思维的对象在自己之内存在＝对象不会消失 例 自己是什么？ 为什么自己会存在？

神的思维是这类专注的，因此神是最高的幸福。

人们可以思考自己。只有像神那样持续思考生活，才是人类的理想生活。

亚里士多德

着，成为思考的对象。

这就是受限于思考对象而形成的理性活动。受限于思考对象，就是亚里士多德所说的被动思考。

在理性基础上，实际上自身也包含着理性的对象。因此，离不开思考对象，思考对象也不会消失，因为有一种理性让一个人可以理性地思考自己。

这种理性并不是思考自己以外的事物，所以不会受到从外部而来的作用、妨碍，因此这是一种无论何时都可以持续思考的主动理性。

如同前文所述，只有神具备这种理性。我们进行思考就可以明白，人是不会拥有的。但是当我们一直思考自己是谁，就会出现"我思故我在"之类的命题，看起来似乎人也不是完全没有理性。然而，一个人如果无时无刻不在思考关于自己的问题，就会因看不到路上的坑而掉进坑被人嘲笑。

不过，只有这种理性才是神的理性。也正因此，神一直都是最幸福的。相反，如果人不能一直理性思考，就不能说是幸福的。人能得到最高善的幸福，也只是一时的好运，仅此而已。

《尼各马可伦理学》的结论

虽然是再一次反复提及，亚里士多德所认为的这样永远幸福的神，被称为"不动的推动者"。

神是幸福的、最善的，然而神不会自己出手做什么，也不会想要帮助谁。作为善和幸福的存在，闪耀着光芒、让人们都仰视向往着，神所做的也就到此为止了。之后就是人们憧憬着神、向着神，或者说以神为榜样，像神一样行动。

这难道不是和柏拉图说的善的理念相似吗？柏拉图用太阳比喻的善的理念，只是照耀着，人们向往着，只要在阳光中就是幸福的。

关于神，或者说关于最完美的事物，柏拉图和亚里士多德的观点相同。神或最高级的物体，是不会介入人的生活的。

这应该是当时希腊的思考方式。正如前面所述，希腊神话以及以希腊神话为题材的希腊悲剧，无论怎么翻都看不到神为人做了什么好事。如果神出手，必然有人遭遇不幸。神只是存在，只要不出手介入人的生活，这样对人类来说倒是很轻松。从某种意义上来说，柏拉图和亚里士多德关于神的观念受时代所限。

亚里士多德的讲座是从"大家都赞同的意见"出发的。亚里士多德又做了什么呢？

前面已经提到，亚里士多德是从讲座开始就阐明论点议题，从大家都认可的观点角度出发，然后得出某结论。因此，读到类似亚里士多德授课原稿的书，我们就会发现，讲座中只要一开始认可观点，之后，亚里士多德就会几乎不留质疑余地地从各角度推进论证。

当然，如果我们仔细阅读的话就会发现，在几个转折点会产生疑问。比如，认为作为最完美的幸福的至善是某种快乐。善与快乐，这在柏拉图的"对话集"中多次讨论过。而亚里士多德加入了"某种"这个修饰语进行保守的解释。

并且将神作为最完美的事物来思考。亚里士多德将自己思维的"神"作为最高的一切，以此结束了讲座并坚信这一点。在这个情况下，通过讲座的讲稿，我们可以想象（估计）所有人都同意亚里士多德关于幸福的见解。

若是有听众不赞同，估计抱有异议的听众会在讲座结束之后，拜访亚里士多德，提出疑问或者是反对意见。不过，亚里士多德很巧妙地转移了注意力。在这本书里，比如，亚里士多德把这些变成"柏拉图是这样说的"，之后就是他一个人的讲坛，亚里士多德巧妙地分析、推进他的目标，幸福的神的自己思维，最终形成亚里士多德的授课原稿，结集成为《尼各马可伦理学》。

"讨论场"所需要的

如果把这当作"哲学"课的教材会出现什么情况？

哲学对于柏拉图而言"讨论"是关键。"讨论"对于柏拉图而言是最重要的哲学。不过，关于"讨论"，在亚里士多德的授课原稿中都没有出现。亚里士多德所写的，是为了将自己的主张能够被顺利接纳、得到赞同的技巧。

这么一说，请回想一下。柏拉图所著《苏格拉底的申辩》中的苏格拉底。被告苏格拉底在自己的辩解中，面对着主张"苏格拉底不信雅典人信奉的神，而是信新的（奇怪）精灵，因此是不敬罪"的原告，问对方"你说我信精灵，你是否承认精灵的父母是神？"在得到对方肯定的答复之后，苏格拉底说："所以，不会有承认孩子的存在，却不承认父母的存在的情况吧？信孩子精灵，也没有不承认父母神，这么一来，我就是信神的。"此时双方共有的立场在这里是"精灵是神的孩子"，在这一点上才能继续推进讲述，也才产生了"讨论"。

柏拉图重视"讨论"的过程以及结果。当然，这是要明确分出胜负的，同时一定会招人怨恨。

虽说如此，实际上亚里士多德来到雅典时，雅典的人们已经不再讨论了，都是各自随意发言，听的人也只是在自己感兴趣的地方才会进行意见交流。所以把自己的意见好好地传达给听众，也是最重要的事情。

这首先需要建立能够倾听的场合，亚里士多德认为，柏拉图所思考的"讨论"的场所，是为哲学所准备的必要条件。

亚里士多德所追求的对手是，同处一个场所里的、能够一起倾听的同道。

柏拉图的看法实际上和这个稍有不同。柏拉图追求的是，有能提出与自己的发言意见不同的人。前提虽然一样，但拥有和自己不一样的想法，从不同立场有不同观点的人。

柏拉图追寻的是真理、理念。不过，出现抱有不同意见的人，柏拉图期待通过和这个人的讨论，能够得到自己没有想到的新想法，或者得知发现真理的新路径。

因此柏拉图，通过与探求理念或者说善的理念的同道进行对话，找到新发现。柏拉图试图将把苏格拉底当作同道，与苏格拉底共同探讨。

亚里士多德的"朋友"（philoi）则不同。至少在亚里士多德的原稿中，并没有出现像柏拉图所认为的那种对立的两人。对于柏拉图而言，即使有对立的两个人，也都有同样的目标，这就是同道、朋友吧。而对于亚里士多德而言，朋友又是什么呢？

亚里士多德在《尼各马可伦理学》一书关于幸福的讨论终结处开始论述这个问题。在全部十卷接近尾声的第八卷、第九卷中，亚里士多德这样说："接下去能讨论的是友爱（philia）。"

实际上，philia 这个词可以被随意地翻译成朋友、同道，philoi 和 philia 是同源单词，来自动词 philein 的抽象名词 philia，以及 philioi（复数为 philos）。爱（动词）、爱（名词）、爱着的人、爱着的人们，这是其原义。

对柏拉图而言，即便是立场相对的人，只要目标一致，志向相同便是同道，是 philoi。当然这个"志"指的是想要发现真理。

不过，在这个词的原本意义中，对立的、适合的之类表述，在亚里士多德这里都没有体现。《尼各马可伦理学》中关于幸福的讨论言辞没那么激烈，在亚里士多德的前提和论证下推进。那么对亚里士多德来说，philoi 是什么呢？

没有朋友的人生算什么

十

说起 philia 一词，特别是在公元前的雅典，几乎跟厄洛斯是同义词。柏拉图的作品中，特别是《会饮篇》也提到，哲学＝爱知识＝ philosophia，哲学家＝爱知识的人＝ philosphos，philia 是柏拉图"对话集"中的主人公。亚里士多德要如何看待并作出怎样的阐释呢？

"接下去能进行讨论的是友爱(philia)，"亚里士多德这么说完，马上在数行之后写道，"若是没有 philoi，就算是拥有一切善的生活，没有人能活下去。"

philoi 这个词，前文已经解释过，是和 philia 等同源的词语，这样较为容易理解。按照现在的趋势翻译成"爱着的人"，按照日语翻译，philia 是"爱"，philoi 是"友人"。

当然并不是误译，《尼各马可伦理学》从第八卷开始到第九卷，亚里士多德在谈论"爱"的问题时，他的头脑中都没有柏拉图所说的"爱人""爱"之类的词语，与这些词毫不相关，亚里士多德清楚地表达了稍稍产生距离感的"友人们""友情"。这是为什么呢？

亚里士多德谈论幸福时，都是用神来解释。自己思维、一直幸福的神。一般人可能会抱怨神只会自己思维，但这是亚里士多德为学园的学员上课中提出的主张。学生都不会有异议。在此基础之上，亚里士多德的问题是：那么人不是神，人要怎么办？

亚里士多德在这里提出，人对于神来说不重要，但是跟神相比，人的缺陷很多，人必须要考虑朋友的问题。此处就出现了刚才说的没有 philoi，也就是没有朋友（同道）的人生算什么。

因此，从这里开始谈人要怎么交朋友才好。

成为朋友的三个要素

———

我们依然采用亚里士多德的思考方法来谈这个话题。将"朋友"的要素分成三部分。

如果对人所爱（或是有好感）的对象进行分类，也会出现各种各样的要素，特别是"善"。如果和某个人成为朋友，那个人必须拥有善，这是第一要素。

第二要素是，对方也要期待我拥有善，对我有好感。对方必须能得到爱的回馈（antiphilia）。

没有这种爱的反馈时，不是因为讨厌而没有爱的反馈，而是自己带有好意对方却没有注意到，因此无法反馈，这样是无法成为"朋友"的。这是第三要素。于是，得不到爱的回馈的我，只能最终成为"带有好感的人"。

这些要素看起来似乎并不是那么重要，简单地说，亚里士多德直接排除了人和人以外的事物成为朋友的可能性，人和朋友之间的关系，直译起来就是"互相爱的关系"。

第一个和第二个要素直接将无生物作为"朋友"的对象的可能性排除了。

亚里士多德列举了无生物，不知何故用了葡萄酒的例子。我们人类对葡萄酒，希望因葡萄酒而得到善意。放在冷藏室里冷藏，可以让葡萄酒一直保持美味。这是为了"人"而做的事情。人们始终是为了"人"而保存葡萄酒。保存在冷藏室里，并不是人们为葡萄酒、对葡萄酒而做的善事，这不符合第一要素。

接着第二要素。关于得到爱的回馈，无论怎么想都不是无生物做的事情。无生物在希腊语中是"没有灵魂的物体"的意思。没有灵魂的物体不会拥有爱，因此也不能指望有爱的回馈。因此，借由第一要素和第二要素，亚里士多德可以说，和没有灵魂的无生物"葡萄酒"之间不能建立朋友关系。

第三个要素，朋友关系是在认识范围内的、同道之间成立的。亚里士多德衡量这一点的标准是"是否共同生活"。当然要有生活交集。不能在一起生活的人们，无论哪一方，即使想要向对方索要善意，大多情况下也是不会成功的，在这种不了解对方的想法的情况下，会出现更多偏离的可能。

亚里士多德认为单方面的愿望并不是爱，而是好意。对于亚里士多德而言，对于不认识的人，即使有想要得到好感，那也不是爱，当然也成不了朋友。

当然，这里"没有灵魂的物体"＝葡萄酒，这种好感是人对葡萄酒的爱，不仅如此，葡萄酒也无法意识到人类的爱，当然人和葡萄酒也无法建立朋友关系。

亚里士多德认为，建立朋友关系的双方仅限于能够互相抱有爱意的人类。总之，互爱的物体，"朋友"只限定为人类，所以只能在这个前提下讨论朋友关系。

这样一来，比如我和我家的猫成不了朋友吧。猫并不是无生物，猫对我抱有好意，我明白，猫也明白我对它的好意。

对于我的爱，猫用猫特有的方式回应我。虽然很短暂，毕竟对方是猫。即使如此，我也是幸福的。而且我们也在同一个空间生活，总之，是相互了解的。

与非人类的动物互相抱有爱意，也无法建立朋友关系吗？亚里士多德是古代人，那时候还没有养宠物的条件，亚里士多德也无法考虑到这种情况。

不过，也许亚里士多德看到这种情况，也会觉得我和猫是朋友。第一要素、第二要素、第三要素都成立。

我并不知道亚里士多德会如何看待人和动物的关系。比如，动物确实拥有灵魂，但无法回避的是动物不像人类，动物欠缺的是最重要的理性部分这一事实。

爱的三种对象

　　亚里士多德从这个内容开始只讨论"友人"关系的问题。当然亚里士多德思考这个问题时，通过例子根据爱的对象把爱分成三种情况进行讨论。

　　爱的对象分为三种：或善，或快乐，或有用。这是亚里士多德常用的讲述方式。并且，后两种的条件会消失，这种情况下对于"我"来说，已经不再是爱的对象，也没有爱的依据，那么双方就不再是朋友，两人只是泛泛之交，并不是真正的朋友。

　　从善出发成为朋友才能建立长久的、真正的朋友关系。

　　亚里士多德认为从善出发是指"德性"。说起德性也有很多种德，其中，只有拥有同样的德性才能成为朋友，德性是那个人的灵魂所拥有的机能，是那个人一生不会变的。因此，这两个人的朋友关系可以说非常牢固坚实。

　　这样的人们，彼此为了对方而存有善意。这种情况下，两个

何为友爱

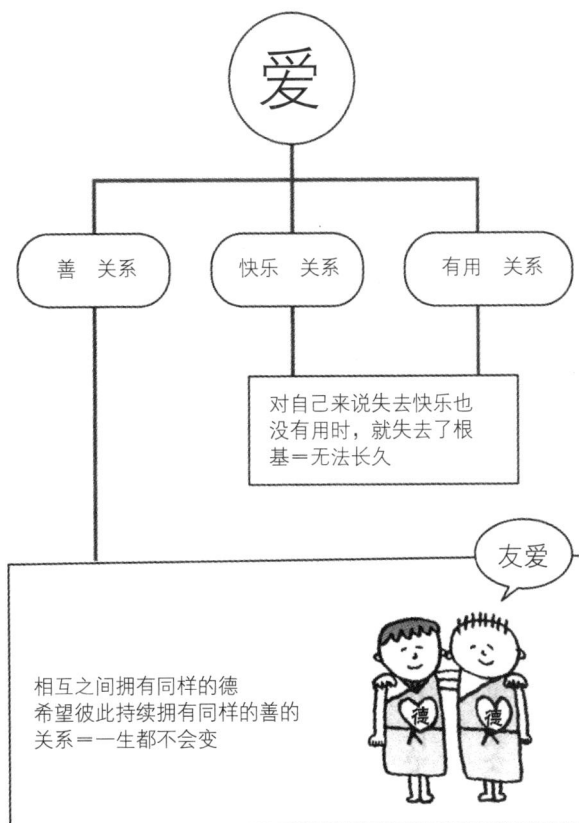

人拥有的德性是一样的，相互盼望的是同样的德、同样的善。总之，即使没有姣好的面容，但那个人身上具备的德可以相互照望。

期待着朋友能够得到善，这样的朋友就是最佳友人，两个人成为这样的朋友，是因为双方都有着良好的意愿，建立朋友关系并非偶然。可以说，这种情况下建立的朋友关系才是永久的。

如果恰巧其中的某一方，因为某种原因忽略了我，并且对方也渐渐不再拥有美好的德性，另一方也会去鼓励对方，双方至少也是互相理解的同道中人。

比如，即使其中一方忘记自我思维，对方只要坚守，加以提醒就能想起来，朋友是应该这么做，并立志要这么做的。就算双方不能像神一样永远保持自我思维，但能够在一起，彼此提醒不要违背朋友的准则。

亚里士多德为了让学生建立朋友关系，将重心放在一起听课上，不管怎么说，他们的关系是相互维护的。通过这种方式建立朋友关系的双方，能够相互理解授课内容，能够形成"长久"关系。

在此后的内容中，亚里士多德开始讨论共同体这一话题。

长存共同体？

十

有一个非常著名的故事，故事中亚里士多德说"人是政治的
动物"。politics 这里翻译成政治的、形成城邦，如将 polit 翻译成
共同体，这个词在这里应该翻译成形成共同体。

这个单词让我们马上想起古希腊语中 polis 应该翻译成"城
邦"，亚里士多德认为 polis 的最小单位是"家"。家聚集成村落，
再形成城邦。关于这一点的详尽内容，与《尼各马可伦理学》相
比，《政治学》中记录得更多一些。

人类，并不能独自形成自我思维，不仅如此，也不能独自存
在，必须生活在一定的社会关系中，于是产生了共同体，最小单
位是家。

亚里士多德在这里引用了叙事诗人赫西俄德《工作与时日》的
句子，"家是最初的，然后有妻子，再有耕牛"。

人是政治的动物

劣等生物向优等生物尽力奉献，确保获得相等待遇才能维持长久的关系

这个关系放大就是"国家"

各种各样的人用各种各样的方式保持着相应的待遇，维持着伙伴关系才能形成不动摇的国家

奴隶　主人　妻子　劣　劣

领导者　军人　庶民　奴隶　牛

尽力　尽力　尽力　尽力

　　共同体中的人们通过各种各样的友情联系在一起，意气相投的两人成为朋友时，他们拥有同样的德……这种情况下话讲得通，但形成共同体并不是这样。聚集起来的人形形色色，于是无论是品位，还是职能，人们出现差别也是理所应当的。

　　亚里士多德同时思考了男女之间、主人与奴隶之间的问题。劣等生物向优等生物，竭尽所能地奉献以此换得相应的对待，这样的"友人关系"，换言之"伙伴关系"才能"长久"。

　　亚里士多德认为，国家这个共同体是由各种各样不同的人组成的，各种各样的人在各种各样的团队中，通过各种方法保持相等的待遇，维持伙伴关系，才能建立国家这种大规模稳定，并且是全方位的长久伙伴关系。

　　生活在现代社会的我们对于这个观点其实是可以理解的，比如我们会思考国家福祉。包括纳税，高收入的人为了帮助收入少的人，需要缴纳更高额的税金。当然，现代福利国家也有很多问题。不管怎样，亚里士多德的共同体论中，考虑了与福利相反的内容，这样就不能找借口说，国家为了人们的福利背负了巨大的债务。这是另一个层面的问题了。

　　亚里士多德引用赫西俄德的话也很有意思。亚里士多德认为，贫穷的人家中，牛代替了奴隶承担了家里的劳动，让我们不禁惊讶过去的奴隶价格如此便宜，同时牛代替了奴隶，也在某种程度上和人形成了共同体，成了共同体中的成员。从某种意义上来说，这种动物还是会成为人类朋友的。

亚里士多德"没有美的爱"

亚里士多德认为"爱"的作用是形成共同体或者说城邦，并使之得以维持，让共同体保持完整，不会崩坏。亚里士多德所说的"philia"对应的翻译应该是"友爱"。

那么我们再一次提到"philia"这个希腊语，翻译成日语很麻烦，对于使用这个单词的古希腊人来说，也是一个麻烦的单词吧。

柏拉图的《会饮篇》中，苏格拉底介绍的女巫狄欧蒂玛的"爱"，是一种非常强烈并不顾一切、豁出去的爱。即使成为某一个人的爱人，但也没有任何事物可以保证相爱的关系。万一爱人突然遇见了更美的人或者事物，发现更高阶的美时，爱人肯定会毫不犹豫地离开。

读柏拉图和亚里士多德的关于爱的文章，不知为何有种不可思议的感觉。也许那是因为爱（philia）这个希腊语，带有那个时代特有的、无法言表的原因。所谓那个时代就是公元前 5 世纪的雅典，因此这个单词如果翻译成现代日语，则必须根据语境以及前后文，有时候翻译成"恋爱"，有时候翻译成"友情"等。

亚里士多德所著的《尼各马可伦理学》中，特别是以 philia 作为问题来讨论的第八卷、第九卷，如前文所述，每一次出现这个词，日语都翻译成"爱"，随着讨论的递进，出现的 philia 进而只好翻译成"友人"。如果非要翻译成"爱"，单数就是"爱人"。书中出现的都是复数形式，那应该就是爱人们。

问题就在这里。柏拉图的作品中，philoi 是爱人们的意思这就是 philoi 这个单词在那个时代的意思。因此，帕特洛克罗斯伪装成主人阿喀琉斯出战，结果战死沙场，与当时准备出战声讨的阿喀琉斯之间的年龄有点不可思议。当时希腊人认为爱人关系是年长的男子与少年之间成立的关系。

一般认为亚里士多德生活在公元前 4 世纪，并非雅典人。因此，philoi 这个单词被当成朋友的意思似乎也没有什么问题。但是亚里士多德的老师柏拉图，非常执着于 philia 这个词，在《会饮篇》《斐多篇》当中，都将这个词定义为"爱人关系"。亚里士多德既然读过柏拉图的书，按道理一定知道这件事。

这就有点不可思议了。柏拉图在哪里都没有提到 philia 和"美"的关系。美丽的人、美丽的行为……美存在的地方就一定有

philia。亚里士多德在《马各尼可伦理学》中，举例讨论 philia 分为有善、快乐、有用三种，最重要的美却没有出现。当然如何举例是亚里士多德的自由。但是这里我们确实没有看到柏拉图时期讨论的"美"。

亚里士多德不想在伦理学的书里谈论"美"吗？并非如此。第二卷第三章 1104b31（译注：学术索引）中，谈到"选择"时，亚里士多德列举快乐的事物、有益的事物，第三个就是"美的事物"。为何亚里士多德在这里，不用美而用善呢？

亚里士多德应该很认真地读过柏拉图写的"对话集"。我们再看看柏拉图的《会饮篇》。《会饮篇》是以爱（philia）为主题的对话集，主要是苏格拉底讲述的从女巫狄欧蒂玛处听到的故事。女巫狄欧蒂玛讲的故事中说到，通过爱可以飞升到神的领域，因此，可以说人应该从爱上一个美貌的人（也许是少年）开始。

对于希腊人，这是理所当然的。但是女巫狄欧蒂玛接下来说的故事，怎么听也不会让我们觉得理所当然。

"任何一个肉体的美和其他肉体的美存在兄弟关系，因此，迷恋所有美好肉体，必须弱化自己对最初那个人的爱恋。不要拘泥于个别的美，面向美丽的大海，热爱知识，不断追求终极的美。"总之，任何一个阶段，美都可以使人脱离现在的状态。

因此，狄欧蒂玛所说的追求美的爱，或者说为了追求这种爱，就算人们现在处于朋友关系、爱人关系，哪怕是短暂的关系，只要人被别的美所打动，这种爱就能够让人放下之前的全部关系，好像飞一般似的，去追求更好的美。

亚里士多德认为，为了形成共同体，人们之间尽可能考虑保持永久稳定的关系。亚里士多德认为这种促使人抛弃既有关系的本性美，不是爱。那么我们就可以理解亚里士多德在阐述创造人与人之间的 Philia 时，把美排除在爱的对象之外了。

关于亚里士多德的介绍就写到这里，我想大家应该有了初步了解。亚里士多德与柏拉图是有区别的。虽然二者哲学内容也有关联，叙述的形式也相似。

之前也说过，据说亚里士多德也写过对话集，直到罗马时代也保留着，但如今遗失了，而柏拉图只留下了对话集。这也许是偶然，但我觉得这并不只是偶然。

当时的哲学都用诗写作，柏拉图写对话集具有划时代的意义。柏拉图自觉地选择了以哲学对话作为基础。

而且是以实际有行动、却没有留下文字记载的苏格拉底为主人公，而写成的对话集。将苏格拉底的故事写下来，在书中留下他的名字，让苏格拉底能够生动地对话。或者说，柏拉图希望苏格拉底活在作品里，他想要将苏格拉底活生生地写出来。

　　与此相比，亚里士多德的书，也是此后直到现在还在使用的论文的写作方式的模本。而且从那以后，几乎所有的哲学家都按照亚里士多德的文章结构写书。

新出现的哲学三派

十

　　亚里士多德死于公元前 322 年，他的学生亚历山大大帝于公元前 323 年突然死亡，时间上只相差一年。德国历史学家命名的"希腊化"（Hellenism）为大帝即位（公元前 336 年）到公元前 30 年，亚里士多德后半生都在希腊化时代生活，可以算是希腊化时代的哲学家。

　　不过，希腊化是什么呢？希腊的国名，现在是希腊共和国（The Hellenic Republic），哪里都没有出现 Greece。不过，对于日本人来说，希腊就是 Greece。为何会出现这种情况呢？日本受到最初来日的欧洲葡萄牙人的影响，拉丁语系的欧洲人，用拉丁语"Graecia"称呼这个国家。

　　因为这个原因，希腊人自己也用来源于希腊神话的单词"Hellas"称呼自己，古今都如此。也正因此，出现了希腊化这个词。

这个时代的开始是在马其顿。马其顿位于希腊北部，当时也参加过奥林匹亚竞技赛并一直关注希腊。马其顿的国王们也希望将希腊的城邦全部置于自己的管理之下。在亚历山大大帝父亲的时代，马其顿基本达成了这个目标。

亚历山大大帝继承王位后，从别的方向扩展帝国版图。亚历山大大帝计划远征波斯，不仅波斯，也希望一个一个征服包括埃及在内的每个地方。不知为何，在靠近印度中部的地方，因部队疲惫不堪不得不撤回，在回到希腊时，因为各种各样甚至直到今天还众说纷纭的神秘原因而死亡。公元前 323 年，亚历山大大帝当时年仅 32 岁。

大帝用自己的名字命名征服区域的城市，其中最有名的是埃及的亚历山大。在之后的希腊化时代，埃及的亚历山大兴建了巨大的图书馆，聚集了著名的传说喊着"我发现了、我发现了（尤里卡）"在市内裸奔的阿基米德、集平面几何大成的欧几里得等学者。

亚历山大大帝的名字，在波斯语、阿拉伯语中为伊斯坎德尔（Iskandar），不仅成为地名，还作为男性名字成为很多国王、英雄之名。在日本也是如此，也是大家熟悉的大帝的名字，《宇宙战舰大和号》中，大和号飞向的星球也叫作伊斯坎德尔。

　　亚历山大大帝开始的希腊化时代，给以希腊为中心的世界史带来巨大变化。后世欧洲人编纂了《世界史》，主要是政治、文化中心的扩散，反过来说，自然包括在文化上超发达的国家希腊在内，埃及、波斯也更多增加了东方文化，形成了新的文化圈。

　　当人们能够广泛地接触新文化时，人不自觉地就会回顾自己目前为止的状态。对于哲学家来说，就是一直到亚里士多德所演进的思考方法。用人神共通的理性，希腊语就是逻各斯（语言），通过语言努力回溯。但也从别的方向，出现了三个哲学派别，怀疑派、斯多葛派、伊壁鸠鲁派。

　　三派主张都不相同，互相非难，或者说彼此交恶、彼此憎恨。特别是斯多葛派将伊壁鸠鲁派视为敌人，指责伊壁鸠鲁派是沉迷于快乐之中的学派，即使到了罗马时代也是如此。也正因此，英语中 epicurean 成了极端快乐主义者、美食家的意思。不过，归根结底，这三个学派同出一源。无论哪个学派，最重视的都是灵魂的平安、平静。

　　此前的哲学家，比如和他们时间最接近的亚里士多德，同样认为最重要的生存方式，是要充分发挥构成人的灵魂一部分的理性。能够经常充分发挥理性的神，与偶尔为之、常常无法发挥理性的人之间的差别，从某种意义上来说，是时间长短的问题，只要人不断努力，就能更加接近神。

　　然而人最终是无法完全成为神的。为了成为神而努力是件痛苦的事。因此此时出现的三个学派，为了灵魂的平安，选择放弃这种努力。

　　这三个学派，同样都在公元前 3 世纪在雅典开设学校，为了同样的目标实现灵魂的平安进行思想传播，解释得最为清楚的是怀疑派的皮浪（Pyrrho）。

怀疑派——不使用言语的贤者

怀疑派是由皮浪（公元前 360—公元前 270 年）开创的学派。

皮浪认为最重要的是，心的"ataraxia"。a 是希腊语的否定词。taraxia 是由动词"talasso"（弄乱）演变而来的名词，意思是"搅动、混乱"。这么一来，"ataraxia"是心"没有被搅乱"，"不混乱的状态"。一般被认为是"心的平静"（不动心）。

皮浪从心的平静中收获了什么呢？

希腊人一般通过语言交流在一起共同生活。而皮浪作为一个希腊人，应该是在自己想要表达意见却被反驳的时候，心最乱吧。皮浪提出了"悬搁"（epoche，中止判断）的说法。

只要中止判断，就没有必要争论什么是正确的，什么是错误的。互相争论、提出各自的主张，正因如此才出现互相憎恨、互相愚弄等扰乱内心的行为。中止判断，是为了使内心平静最好的举动。

　　皮浪的主要观点是，对于人来说，无论怎么努力，都不可能作出正确的判断。因此皮浪的思想被称为怀疑主义。

　　如果说希腊人苏格拉底是哲学的开端，哲学家苏格拉底也寻求"心的安静"，那么苏格拉底通过语言，探访谁最贤能、最能领悟神的真意（觉得），当他达到"无知的知"之时，苏格拉底才会感受到"心的平静"吧。

　　皮浪想要放弃作为研究工具的"语言"。皮浪认为如果不舍弃语言就无法达到平安。这么说来，皮浪想要舍弃的是苏格拉底那种希腊人对言语所抱有的信赖以及偏好。

　　关于皮浪这个人，根据《列传》第九卷第十一章开头的介绍，"成为阿那克萨库（Anaxarchus）的学生之后，无论到哪里都带着他"。这个阿那克萨库，并不是很有名，只是在《列传》第九卷第十章中很少的部分中被提及，根据书中的记载，阿那克萨库曾跟随亚历山大大帝东征，合并几部分内容读来，可以预想的是皮浪也跟随亚历山大大帝东征过。

　　因此接下来读到关于皮浪的记载里，写有皮浪"在印度和赤裸的行者、（在波斯）和麻葛僧（magos）交谈过"。

　　印度的苦行僧，直译过来是赤裸的贤者，他们是耆那教（Jainism）的信徒。耆那教兴起于公元前6—公元前5世纪，在筏

搁置（中止判断）

驮摩那（Vardhamana）的教诲下，皮浪否定了一千年前就存在的"吠陀"（Veda，古文献经典和文体形式，真理之书），创立了名为耆那教的新宗教派别。

皮浪认为，出家人生平需要的戒律之一是不伤害生物。不过问题在于对生物的定义。在这个教义当中，不是只有动植物有灵魂，大地、水、火、风、大气当中都有灵魂存在。这么一来，呼吸空气也必须小心了。

不过，皮浪和耆那教的行者会面，皮浪感受最深的并不是这一点，而是耆那教的另一个教义——相对主义。

筏驮摩那认为真理有各种各样的表现形式。因此，要回避这个存在、那个不存在之类的绝对说法，而应该用"从这个点来看"这样的带有限定语的方式谈论。耆那教让皮浪看到了不用言语断定、不执着于言语的贤者，只有这样的生活方式，才是贤者的生活方式。皮浪对此甚为感动。

不使用语言的贤者，这在当时的希腊文化圈中，从语言逻辑上就是矛盾的。所谓贤者，就是能把普通人一眼看不明白的事情，明确地用语言表达出来的人。我个人认为"一个贤者居然不使用语言"带来的震惊，应该是促使皮浪在希腊建立第一个怀疑主义者学派的动机。

伊壁鸠鲁派——真正的快乐是什么？

伊壁鸠鲁派的伊壁鸠鲁（约公元前341—公元前270年）也是希腊化时代初期的人。

这个学派的名字在一二十年之前就连日本都在频繁使用，已经成了一个形容词。"epicurean"这个英语单词，是美食家的意思。带有非常喜欢美食、热爱奢华的意思，也包含了贬义。在英语中，这个词也有快乐主义者、讲究吃的人的意思。

"epicurean"这个词，来自于希腊语"epikouros"，而"epikouros"则代表伊壁鸠鲁的徒弟。从字面上来看这个学派，比起内心的平静，重点是放在享有美食上。按道理，应该不能算作追求内心平静的三个学派之一。

实际上，伊壁鸠鲁的箴言也是"ataraxia"。和皮浪一样，追求心不乱、心的平静。不过，支持伊壁鸠鲁的"心的平静"并不是"中止判断"，而是"寂静地生活吧"。

"ataraxia"这个词，通常会被翻译成"隐居生活吧"，不过这样会招致误解。追求快乐的人一般都会爱热闹，想要在享受美食上得到快乐，始终都需要别人的消息，既然要消息灵通，那么必然是需要经常出门到处奔波的。如果过着隐居生活，那就只能装作不在意的样子打听美食消息，就算去的时候，也要尽量不被别人发现悄悄地去吧。这样听起来就变成了独享美食。

我认为这个翻译是有问题的。因此这里采用我的共同研究者的翻译。探寻美食的时候，不要惊动别人，静静地享受，在那里吃着某种美味，并能过着满足的生活，是真正的"快乐"主义者。我认为这才是对伊壁鸠鲁以此为快乐主义者终极含义的真正理解。

因此，伊壁鸠鲁说："肚子饿时，只要面包和水，就能让人感受到无上的快乐。""只要能消除因匮乏带来的苦痛，那就是最高的快乐。"如果面包和水就能带来快乐，一般而言，就是有满足基本生活的食物，也不用特意大肆追求，对健康也有好处。

伊壁鸠鲁还认为，面包和水就能让人吃得高兴的话，一旦去吃奢侈的美食的话，也可以好好地享受。因此，只享用面包和水就能开心是快乐主义者所向往的无敌人生。

尽管如此，人或者说当时的人，并不能这么安心地享受快乐。即使快乐就是这么简单，即使对于人来说享受是开心的生活方式，伊壁鸠鲁的"寂静地生活吧"

还是有让人无法安心的两件事：死与神。

《列传》中，列举了伊壁鸠鲁的"主要教义"，其中谈到了死和神。

即使到了今天，死亡依然让人们从懂事起就开始恐惧，神的愤怒，与之相反的来自神的眷顾之类的，姑且不说现在的人，对当时的人来说就是最关心的事了吧。如同前文所述，这原本就是从哲学一开始就必须要解决的问题。

伊壁鸠鲁对死和神，说过这样的名言。首先是关于死的："死对我们来说什么都不是。为什么呢，解体（死就是我们分解成原子）之后就没有感觉。没有感觉的东西就不会给我们带来任何影响。"

他们的观点是世上的物体是由原子组合而成的。因此，这个结合体只有在以结合体存在时才会产生感觉。而死就是结合体分解成原子，分解之后的每一个原子没有感觉。这么一来，死的时候，就不该有悲伤、恐怖之类的感觉。伊壁鸠鲁认为"死对我们来说什么都不是"，这也是受到德谟克利特主张的原子论的启发。

关于神，伊壁鸠鲁则表示："神是最幸福的、不灭的，即使自己也有烦恼，也不会给别人带来烦恼。因此神是不会出于生气发怒，或者想要眷顾人类去采取行动的。这些是软弱的（人）才会做的。"

这么一来，伊壁鸠鲁就从神和死这两件令人觉得麻烦的事情中解脱了。

斯多葛派——宇宙与人

十

英语词典中有"stonic"这样的形容词。包含"禁欲的""冷静的"的意思。实际上，这个词来源于斯多葛派。

"斯多葛派"这个词出现在希腊化时代，基督教传入罗马之前，是罗马皇帝也信仰的著名哲学学派之一。罗马的皇帝马可·奥勒留是斯多葛学派数一数二的学者。之后，查士丁尼一世（公元527—565年在位）时，这位虔诚的基督教信徒国王，将学园收归国家管理（公元529年），流放了斯多葛派等所有学派。

"斯多葛派"从塞浦路斯岛的西提翁（Citium）发展到雅典，由芝诺创建。据说芝诺因在雅典的"Stoa"（广场）的彩色柱廊中，和弟子们交谈，因彩色柱廊这个词"Stoa Poikile"，取名斯多葛学派。

斯多葛学派向往的也是内心的平静。斯多葛学派认为，避免外部的刺激，过禁欲的生活才是最正确的人生道路。

斯多葛学派主张，神也好，灵魂也好，都是由物体而形成的。

如若不然，就不会产生相互作用。不过神呀灵魂呀，自然都是很细小的，肉眼看不到的物体。他们被称为"pneuma"（富有能动性的气息）。pneuma 这个希腊语，被翻译成风、风吹过、气息等，在大部分的哲学史书中，都被翻译成"气息"。

重要的是，神也好，灵魂也好都是物体，是肉眼看不到的细小物体，而且还会经常自己动。不会自己动的物体，都不配称为神、灵魂。因此，自己动的物体，被认为像空气自己流动形成的风一样。也正因此，他们认为这才是代表着宇宙、人的灵魂的理性（逻各斯）。

当然，按照斯多葛派的看法，创造世界还需要另一种元素。肉眼看不见的细小物体，并不会自己动，只是等着被带动的物质性的实体。这就是说，这个世界上，这种不会动的物体都可以被pneuma 的理性所带动。

如果这么理解，人的正确生存方法，免于激情（apatheia，意为恬淡寡欲），就不再像一般所说的那样，并不是"不受外界影响＝无感动状态"了。

人的灵魂与宇宙的灵魂是一体的。我的灵魂受到从宇宙的根本灵魂而来的气息的影响是非常重要的，此时，我的灵魂和宇宙的灵魂会成为一体。

斯多葛派所说的免于激情，就是排除理性气息以外的影响。

这么一来，人的正确生存方式就是遵从宇宙的根本灵魂所决定的规则，换言之，就是遵守神的决定而生活，进而因为神的气息充斥于自然，所以就应遵从自然而生活。斯多葛派倡导的标语，并不是主张"努力吧"之类，而是"遵从自然"，就是来自这里。

不过，这个看法从别的层面也影响着世界。全世界都是从同一个根源而形成的。那么把人分成希腊人、埃及人等区别看待，就成了愚不可及的事情，应该将人看作世界公民。这是斯多葛派的一个特征。

实际上，据说皇帝马可·奥勒留就遵从这个想法，尽可能地解放了奴隶。

斯多葛学派向往的内心平静

GREEK

PHILOSOPHY

PLOTINUS

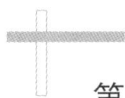

第五章
最后的希腊哲学家

新柏拉图主义

十

据说有一位名叫普罗提诺（Plotinus）的人，生于公元 205 年，卒于公元 270 年，毫无疑问它是古罗马时代的人物。在他的弟子波菲利所写的传记中说，古罗马皇帝加里努斯非常尊敬普罗提诺。

当然，在普罗提诺之前罗马也有哲学家。斯多葛学派有西塞罗（Marcus Tullius Cicero）、塞涅卡（Lucius Annaeus Seneca，此人为暴君尼禄的老师）、奴隶出身的爱比克泰德（Epictetus），以及皇帝马可·奥勒留（公元 121—公元 180 年）。

在这个过渡期出现的哲学家，都想通过某种语言把自己的学说写下来。斯多葛学派的鼻祖芝诺用希腊语写著作，之后的西塞罗、塞涅卡等罗马帝国的哲学家、马可·奥勒留皇帝是用拉丁语写作。

伊壁鸠鲁学派中，公元前 4—公元前 3 世纪的伊壁鸠鲁，当然是用希腊语写作，继承他学说的卢克莱修（Titus Lucretius

Carus）用拉丁语，而且用优美的诗的形式，创作了《物性论》（*De Rerum Natura*），是一本书名非常晦涩，却内容优美的书。

不过，新柏拉图主义的普罗提诺，虽然是公元后的人士，竟然也用希腊语写作。

波菲利将普罗提诺的论文进行编辑，并且流传至今。波菲利在普罗提诺论文集开头写了个人介绍（那也是用和老师一样的希腊语写的），可惜没有写生卒年等信息。理所当然，那时是一个没有年代记录方法的时代。不仅如此，他也没有写明普罗提诺是在哪里出生的。

虽然如此，对他们来说最重要的"与太一的合一"（他们认为只有太一才是终极的，是万物唯一最高原理，对于和其相距甚远的人来说最重要的是和太一的合一），在这篇"传"当中，波菲利写道，普罗提诺一生曾达到四次合一，而波菲利自己只有一次。

波菲利在书中也记录了与彼时刚刚兴起的基督教进行的讨论，但是并没有写是什么样的讨论。如果写了的话，普罗提诺就是古代最后的哲学家，普罗提诺之后的哲学，是以奥古斯丁（Aurelius Augustinus）为代表人物，立足于基督教的哲学，可以说这已经是中世纪的哲学了。这一点非常遗憾。

需要提醒一句的是，代表普罗提诺思想的新柏拉图主义这个词，并不是普罗提诺所提出的。普罗提诺自认是柏拉图主义者。奥古斯丁读了他的著作，也认为他是柏拉图学派的。文艺复兴时期的，与普罗提诺思想一致的、柏拉图信奉者 M. 费奇诺（Marsilio Ficino）也认为自己是柏拉图主义者。

新柏拉图主义这个词，是 18 世纪德国学者们使用的，在 19 世纪被广泛接受和使用。

事物与理念、多与一

十

　　有一个问题：为什么说普罗提诺的思想可以算是古代最后的哲学？

　　普罗提诺也对柏拉图的多数事物和一的理念感兴趣。

　　有很多人存在是因为"人"的理念单一存在。要是没有理念在那里存在，指着"那里"就无法召唤人类等。不过，进一步考虑，原本在那里存在的，手呀脚呀都收起来形成一个物体，更麻烦一点说，聚集各种各样的原子形成一个形状的物体，成为设计图的是"人"的理念，如果只是单纯的原子集合的话，无法形成"物体"。普罗提诺认同柏拉图的"多与一的关系"。

　　事物和理念，这的确是多对一的关系。不过这样一来，理念要怎么办？理念也有很多。将那个理念称呼为理念，归为其一又是为什么？

　　从"在这个可感世界中被认识"的多数人对"使其认识，并创

造出人类这一理念"的认知，到最后转变为"多数这样的理念"是
"创造、认识它们、超越理念的一体"。这里所谓最终达到的目标
"一体"，普罗提诺称之为"太一"。

　　不过，这个太一甚至无法被称作"存在"。如是被这么说，立
刻就会被认为是存在理念的同类，因此用"存在""在"两个词描
述，可以说都是不适合太一的。

从太一产生很多的方法

十

从这个绝对的"太一"出发，是怎么产生大量理念的？最后又是怎么形成大量事物的？

普罗提诺在这个问题上继承了希腊哲学。他并没有想要创造太一，想要创造是因为有创造的欲望，欲望是希望得到自己没有的东西，因此这绝对不是完整的太一。

只不过普罗提诺，也像柏拉图比喻善的理念一样，用太阳比喻太一来阐释。并且普罗提诺似乎更为彻底。

普罗提诺说太阳发出光，并不是太阳想要发出光，从某种意义上来说，是光自己流出的。这就是普罗提诺所说的，用来阐释事物诞生时的"流出"（ekxein）说。

太一是圆满的。因为无限圆满，即使从那里流出光也不会减少或变小，也不会出现消失的现象。太一永远拥有无限的光。而且从那里流出的光，可以生成理念界、感觉界。

和太一的合一

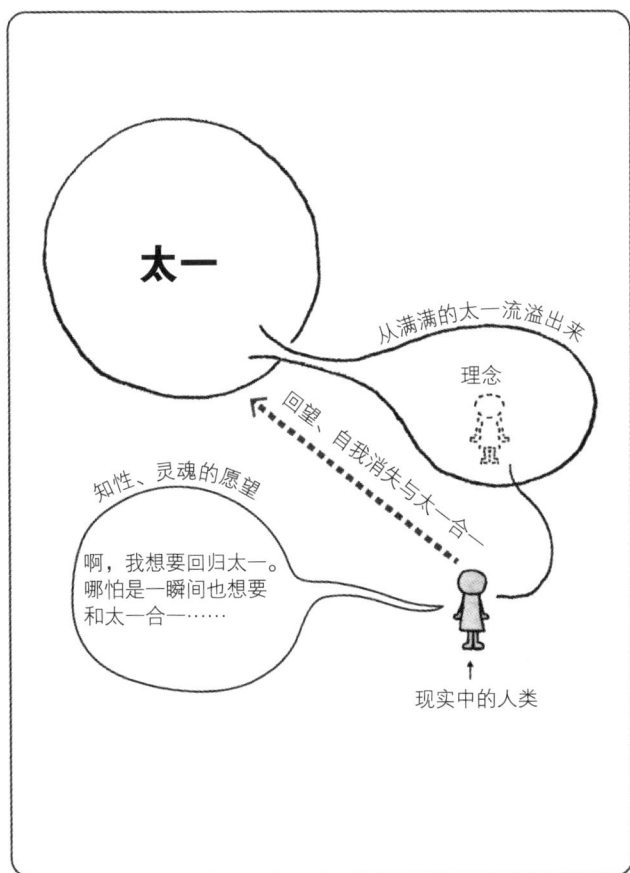

当然，象征着力量的光流出，能够流到每一个地方。就像电灯亮了之后，周围也变得光亮，只是变亮而已，并不能产生什么。这里普罗提诺使用了另一个单词，"转向"（strephein）。流溢出来的物体，回头观望自己的来处。

这时按照先后顺序，首先产生了理念，看到光的（nous 知性）；再往下流溢一点，就在回望根本时，产生了灵魂以及魂界。

因此我很想把普罗提诺称作古代哲学的最后一位哲学家。所有的创造，都和创造者太一的意图，包括好意、善意，甚至恶意等没关系。不仅如此，和想要创造的想法或者欲望等也没关系。完全的太一，是不会带有那样的欲望的。随意流溢的光，也只是随意创造。不过，因为太一是无限的，这个创造尽管不受太一的意志的影响，却是会永久持续下去的。

流溢出来的光，却是在意太一的。中途会回望，也是因为爱着太一。流出来的东西，在这里，特别是对人而言会留下记忆（其他的生物没有这么爱太一），人遵从这种爱，为了回归太一，努力想着回归回归，哪怕只是一瞬间。当然，如果顺利回归，那时就会舍弃迄今为止的，而且是现在的自己，总之进入 ecstasis（忘我、无我）的状态。因此，这个期盼的状态一般会很快结束，人离开太一之后，就会形成原本的"我"。

普罗提诺认为，太一和我们人类之间的所有关系就是这样的。普罗提诺认为的体系中的人，承认忘我、舍弃自己，想要和太一接近，这个意义上来说，人只要这样就会变得幸福。

不过，如果重新读一遍，就会发现其中包含了一些内容，让我们认为非常重要并且感到恐惧。

希腊哲学家们热爱的理性，是从太一流溢出来并回望最初时产生的。这么说来，太一并不是理性的。就连亚里士多德都认为神是理性的。而且，神之所以为神，是因为可以用自己的理性经常看到思考理性的自己。亚里士多德认为如果人们重视理性、运用理性，偶尔也可以达到那种神一样的幸福状态。普罗提诺否认了古希腊哲学家们最重视的理性。

不仅如此，从太一流溢出来形成的理性等，为了回归太一，最终必须舍弃理性。换一种说法，比太一低一级的理性，在"忘我"时理性也是必须舍弃的。

如此说来，那么人不需要主动呼唤理性，只要等待太一予以帮助即可。但这个观点被提出的时代是古希腊时代，普罗提诺与亚里士多德对神的观点相同，太一并不会帮助人类。

对于古希腊人来说，既然如此，不如直接放弃与太一合一。但是普罗提诺的徒弟波菲利在普罗提诺的传记中曾写过，普罗提诺曾有四次，自己曾经有一次和太一合一过。

两人到底为什么这么做呢？人为了进入"忘我"的状态做些什么好呢？如果努力生活，无法"忘我"。不过，如果不努力，倒是谁都可以舍弃现在的自己，能够完全忘却自己了吧。

在了解这种完全矛盾的状况之后，也许某天普罗提诺与波菲利两人关于突然出现的"忘我"状态在一起聊起天，也许进行了对话。必然是看到对方进入了这种状态，才会有普罗提诺四次、波菲利一次的这个记录。也不知道这种"忘我"的状态持续了多长时间。

不过，为什么会进入这种状态，也许普罗提诺与波菲利两人自己也不知道吧。如果知道，应该会写下来。普罗提诺与波菲利两人为了进入这种状态而努力，却在不经意的时候，突然偶尔幸运地进入了这种状态，他们自己也一定会感到非常惊讶。

古代的终结、中世纪的开始

十

波菲利的"偶尔""幸运",是排除了神的帮助,符合古希腊哲学家对神的看法。

中世纪基督教徒哲学家奥古斯丁在《忏悔录》中,写下了自己阅读柏拉图学派作品时的感想。传说奥古斯丁所提到的柏拉图学派学者,可能指的是普罗提诺,这么说来,奥古斯丁的感想是阅读普罗提诺学说时的感想。

奥古斯丁将普罗提诺的学说与自己信奉的基督教教义之间进行对比,认为"知道想要去的地方,知道那里有一个住着会幸福的国家,但并不知道去那里的道路,只是从远处眺望,与知道去那里的道路之间的差别"。

而能够告诉人们要走的路的人,只有诞生于神的世界的,神的独生子耶稣基督。奥古斯丁强调神的独生子降临人间是神对人的爱。

　　选择不接受神的帮助，古代人这种受限的生活方式，在成为生存的障碍时就已经终结了。普罗提诺已经是古罗马人，出生在公元后，那时基督教已经传入罗马。

　　罗马帝国时代志在扩张国家，古希腊所代表的自己努力的气节也消失了。通过行动范围的扩张，最后，人了解了人自己的界限。

　　这么说来，无论被描绘得多么美好的太一世界，都无法拯救世界。

　　这就如同人们祈求从天而降的救世主基督，或者说是为了拯救人类而将自己的独生子恩赐世界的主，这就是奥古斯丁想表达的，相信通过神的爱能够救世。

　　由此揭开了学术思想百家争鸣的欧洲中世纪时代。